活出真我的中年人生課。

他人の期待に応えない
ありのままで生きるレッスン

清水 研——著
黃薇嬪——譯

【專業推薦】

★這本書是由一位專注於癌症病人心理照護的醫師撰寫，該領域被稱為「心理腫瘤學」。透過他豐富的經驗，書中將病患罹患癌症的過程與自身步入中年的心境變化聯繫起來，揭示了兩者之間微妙而深刻的共通點：當人們尚未罹患疾病或意識到年華老去時，往往抱持著「永生」或「永不變老」的幻想。然而，當面臨病痛或感受到歲月的流逝，這層幻象便逐漸瓦解，使我們不得不正視無常與生命的有限。這樣的體悟雖然帶來失落，卻也成為思想得以釋放的契機，使人們在面對失落中重新找到力量，進而活出更真實、更坦然的自我。

——鄭致道（台灣心理腫瘤醫學學會理事長、和信治癌中心醫院身心科主任）

★我們曾經有許多的夢，卻在中年戛然而止，為何會如此？是突然覺得時不我予，亦或是對於人生幻想的破滅？死亡的議題，對許多人總是忌諱，避而不談。但隨著日子一天一天的過，死亡終究站在不遠的盡頭招手。死亡讓人感到生命的有限，卻也讓人興起好好活在當下的念頭。人生有限，自己的想法與感受可以無限。生與死，看似一線之間，卻彼此環環相扣，互為相連。別再耗費時間了，生與死正點醒著我們，好好的活，無怨無悔的活出自己的生活。

——王意中（王意中心理治療所所長／臨床心理師）

★在許多電影和戲劇中，「早知道」時常是情緒張力的關鍵點。同時，在真實人生中，這三個字也是諮商會談室裡的常客。不管是戲劇還是真實人生、不管「早知道」後面接著什麼話，這三個字所伴隨的惆悵與懊悔，都是讓人刻骨銘心的。本書提供了許多關於工作、生活，乃至人生的心態提醒，細細閱讀、適時調整，或許能讓未來的我們少一些「早知道」的遺憾。

——蘇益賢（臨床心理師）

★人若要知道自己想如何善終，需要先深刻領悟自己該如何善生。中年是一次重大的機會，也是上蒼給予的恩典，讓我們回顧過往，更加明白了悟，什麼對自己來說真正的重要，而那些對自己來說不重要的，也要放下與告別。本書無疑是我們行在中年之路上的一盞明燈。

——蘇絢慧（諮商心理師）

推薦序一

生命終有時，你可以坦然做自己

接到出版社邀約為本書寫推薦序，感到意外與驚喜，出版社一定不知道我和清水研醫師是老朋友，還一起在廣島唱卡拉OK。當年我們認識的時候，都還未滿四十歲，如今都已年過半百，他還寫了這樣的書，身為大他兩歲的我，真是對清水研醫師感到無比敬佩，我也從他的人生哲理中收益良多。

也許正是我們的背景如此相似，精神科醫師、心理腫瘤學醫師、安寧療護醫師、研究學者，所以這本書深深觸動我心。但是，我相信即使沒有雷同的背景，願意看這本書的你，也會從清水研醫師的智慧中得到救贖與啟發。

全書共分為五章，每一章都有清水研醫師的智慧，我無法在推薦序中一一列舉，但我可以分享一些我閱讀之後得到的共鳴與啟發。

在第二章，清水研醫師提到他二〇〇三年進入國立癌症中心，那是日本最重要的治療癌症醫院，當時他三十一歲，自己還幻想著「人能繼續進步成長」，然後聽到患者問他「醫師，我活不了多久了，我該怎麼辦？」清水研醫師滿心疑惑，無言以對，因為自己沒有體驗過，無法想像。

我自己在一九九八年正式開始在馬偕安寧療護教育示範中心以心理照護專家的身分照顧癌症末期患者，我也是遇到同樣的問題，此後我的人生，一直在人的存在與意義之思辯中沉浸。這也是為什麼我和清水研醫師會認識的契機，我們都有同樣為患者著想的困擾。他在癌症中心的老師，我的忘年之交好友，內富庸介教授，他介紹了我們認識，雖然語言有些隔閡，但看到這本書中清水研醫師所寫的，我終於明白我們好接近。

在第三章，清水研醫師提到他是X世代，而本書的目標讀者族群也就是我們這群X世代，我們都被父母唸叨著必須如何如何，然後漸漸不知道自己是誰，終於迷失自我而開始批判自我，無法快樂過生活。弔詭的是，不論在中年到來之前成不成功，都會陷入迷失自我的困局。然而，清水研醫師提醒「中年危機是人生的轉機」，從小處傾聽「want」的聲音，把「must」視為雜音，這樣就有機會讓自己恢復回人類。這實在是很難，但是看了清水研醫師這麼說，我也想好好試試看。

在第五章，清水研醫師提及「正念」（mindful）之所以吸引許多人的注意，間接證明了多數人都無法好好的活在當下。我非常認同，包含我自己都無法好好地活在當下。其實，正視自己的有限，人必定會死亡，好好讓感性解放，才能傾聽「want」，活在當下，跨越中年危機。

在寫推薦序的當下，我正在日本參加國際會議，同時經驗「must」的幻想，也試圖傾聽自己的「want」。旅途中，在廣島縣的尾道感受了很多事情，看了很多詩句，我就寫一句短詩來推薦吧！

人生不在乎長短

在乎自己
不要等到死亡前才想到
做自己　難　但我們可以

這是一本好書，正式出版後，我一定多買幾本送給我周圍的人。

●本文作者為方俊凱醫師（亞太心理腫瘤學交流基金會董事長／馬偕紀念醫院安寧療護教育示範中心主任）

推薦序二

創傷後成長——珍貴的罹癌體悟

學生時代到精神科見習，曾經請教當時的住院總醫師，畢業後如何成功通過住院醫師甄選。我永遠記得，學長除了熱心傳授實戰經驗，還以一種「呷好倒相報」的口吻分享個人心得，「精神科最吸引人、最特別的地方，就是你的專業不僅能幫助病人，還會幫到自己。」

三十年過去了，我在不同場合常常想起學長的話。最近讀完清水研醫師作品《活出真我的中年人生課》譯稿，學長當年那種「好東西就是要跟好朋友分享」的感覺，不知不覺再度浮現。

清水研醫師是一位專職照顧癌症病人與家屬的精神科醫師，也是暢銷作家。根據他目前任職的癌研有明病院與出版社介紹，他在完成一般精神科訓練後，二〇〇三年進入日本國立癌症中心研修心理腫瘤學（Psychooncology），一路晉升到精神腫瘍科主任；二〇二〇年轉職私人財團醫院，本著助人助己的信念，繼續前進。

行文至此，您或許猜測，清水醫師八成是癌症醫院的員工又是患者，才能助人助己；您也可能對「心理腫瘤學」感到好奇，癌症病人及家屬的心理調適，究竟有甚麼特殊之處？

且讓我基於過去曾照顧住院與門診癌症病人十餘年經驗，來談談癌症病人的心理調適。儘管罹癌對絕大多數人而言，是一種創傷性心理衝擊，一時間可能變得六神無主，甚至呆若木雞，接著出現失眠、恐慌、憤怒、沮喪、絕望等各種心理反應，但這一切多半只是「正常人在不正常狀態下的正常心理反應」——求助者聽到我這句有如繞口令的回應，常會愣一下，「你說我是正常的？」

「是的」，接下來，我會告訴病人，千萬不要小覷每個人與生俱來的復原力（resilience），經過一小段時間，大約兩個星期左右，多數癌友的心理反應強度就會大幅降低（※資料來源：《緩和ケアのための精神腫瘍学入門》，小川朝生、內富庸介編集，二〇〇九年出版），逐漸找回生活步調。

不僅是心理反應改善，許多癌友還能從病痛中得到新的人生體悟，展開不一樣的生活，這正是近年心理學界與本書作者大力提倡的「創傷後成長」（post traumatic growth）理論，亦即個人在經歷罹癌、天災人禍等創傷性事件後，內心體驗到積極或正向的改變。換言之，當事者因失落而重新認清自我，從而另定目標，再度投入生活，即是書中所謂的「創傷復原五階段」，也是許多癌症過來人極力鼓吹，「罹癌是珍貴的生命禮物」。

但我必須提醒，這種正面的體驗，必須發自當事者內心，不宜由旁人敲鑼打鼓，甚至「強迫推銷」。不然，反而會變成「失控的正向思考」，使人無法擺脫情緒，把錯覺當成現實，甚至感受到壓迫。不只一位癌友告訴我，因為身邊親友一味要她保持愉快、正向的心情，反而讓她喘不過氣，「難道我失去悲觀的權利？不能為因病摘除的器官哀悼？」

罹患過乳癌的美國社會學家芭芭拉．艾倫瑞克（Barbara Ehrenreich）

指出，正向思考本身沒有問題，但是當社會不斷強調，癌症是禮物、會使你更堅強、也是你改頭換面的機會……就容易讓思考單一、僵化，塑造出一個「只能正向的世界」。只是疾病本身，怎麼可能沒有痛苦與挫折？這樣的氣氛，不僅會抑制病友自然的情緒抒發，甚至不知不覺衍生出更多的自我咎責、怪罪的負面思考。

如何避免掉進這樣的陷阱，我認為清水醫師在書中提倡，認清自己內心的想望（want），不要老是被別人的期待（must）牽著走，不但能讓每個人生命中珍視的價值清晰浮現，也能看清芸芸眾生的諸多虛妄。

我還相信，作者若不是一位用心照顧癌友二十年的心理腫瘤醫師，不斷被癌症病人的「創傷後成長」啟發，並一再感受到「活在當下」的迫切與重要，他不會那麼快走出自己的中年危機，扔掉束縛自己的過去種種，享受現在的平靜。

●本文作者為吳佳璇醫師（精神科醫師／作家）

目次

第2章

徹底悲傷，徹底低潮
——打造不被負面情緒擊敗的心靈

第3章

不回應期待——跟隨自己的想望

第4章
活出真我
——自我肯定的人生

第5章

無法活在「現在」，就無法看清世界
——享受當下

前言

當我們進入人生中段，回顧自己的過往，腦中往往會浮現一個疑問：「我到了這個年紀了，還要繼續這樣過日子下去嗎？」不少人對過去的人生充滿了不安與掙扎，處於一種不安定的心理狀態，這就叫「中年危機」。而且有愈來愈多的人會在年過四十之後感受到這種症狀。

本書的內容，是以我自己陷入中年危機的經驗，以及擔任心理腫瘤科醫師的見聞，提供給目前處於中年危機的各位，在人生後半段擁有「幸福人生」的祕訣。

最關鍵的一點是，陷入中年危機時，我們必須放下多年來所抱持、可稱之為「幻想」的思考方式。同時，本書也提供了如何實踐的具體對策。

一般來說，一個人的責任與工作量會隨著年齡增長而增加。等到上了年紀，有一定的歷練後，回過神來才發現，光是要完成每日的例行工作就很吃力。然而，要跟上時代環境的變化並不容易，你會感覺其他人都在往前奔跑，只有自己原地踏步。又例如，中年的你，在公司或許是個不上不下的管理階層，很多時候還會夾在上司與下屬之間進退兩難。

當然，如果你只是將工作視為人生的一部分，工作之餘，轉而充實自己的興趣與生活，那也就罷了。但工作責任感愈強的人，就愈容易感到痛苦。

為什麼進入人生後半段，情緒容易變得不安定？最大的原因，就是因為你發現，自己對未來的期待與實際情況有落差，在人生前半段所描繪的「人能不斷成長進步，而且在未來更加活躍」的畫面，只不過是個幻想。

心理學家榮格把人類從青年進入中年的這個階段稱為「人生的正午」，在這段時期，人們不得不切換思考模式去面對危機。人生只有一次，在人生前半段的成長過程中，我們無法事先得知並實際感受從正午到下午逐漸走衰的變化，直到進入了人生後半段，才不得不體悟到人會衰老，因此被迫改變過去毫無章法的努力方式，面對自己的真實內心。

你過去抱持著什麼樣的價值觀？進入中年之後，心理狀態不安的你，或許是遵循著各種理所當然的社會規訓，而一直努力到現在。然而，你可能沒有在心中仔細想過，這種價值觀對你來說是否正確。你或許因為父母師長都這麼告誡你，就認為不會有錯，豈料，這種價值觀只是為了幫助你更好地適應社會，卻無法讓你獲得幸福。

年輕時，你幻想自己能夠持續成長進步，同時盡己所能的忍受辛苦，只為了順利適應社會。但隨著年齡增長，你發現無論如何努力，實際經歷的景色仍與年輕時所預想的不同。

等進入四十歲，即使身強體壯，生活無虞，多數人在心理上還是會沒來由地感到煩躁，而且持續惡化，直到心中一貫描繪的幻想破滅了，才恍然感覺到茫然若失，不知所措。

陷入中年危機時，你必須適當的應對，可是，缺乏自覺的人只會讓問題更加嚴重。舉例來說，你以為只要比過去更努力，就可以安然度過危機，卻不知道這種「想要更努力」的行為，根本就是錯誤的解決方法。有些人以為自己還有承受的空間，變本加厲地鞭策自己，努力拉抬業績或努力減肥，希望找回青春或各種願景。當然到了最後，想逆轉年紀帶來的衰老畢竟是不可能的，所以這些努力終究以失敗告終。情況嚴重時，你會因為耗盡心靈能量而患上憂鬱症，使問題益發失控。

對應中年危機，必須仔細分析問題所在，而非牢牢抓住過往的信念。因此，我們要先認識讓心情煩躁的起因，正是年輕時所抱持的幻想，而解決問題的第一步，就是做好放下幻想的覺悟。

為了避免誤會，我要補充說明：我的意思並不是指，人生後半段沒有光明的未來。我可以肯定地說，每個人的後半生都可以擁有豐富的人生。坦白說，我也曾陷入中年危機，好一陣子徘徊在差點就要得憂鬱症的低谷，但我現在已經跨越了危機。

你需要暫時遠離社會賦予的價值觀，重新面對自己，用心挑選「想要」的生活方式，這樣，人生後半段才能迸射出嶄新的光輝。不管是心理學知識還是文學作品中，各種描寫都能夠應證：跨越中年期危機所帶來的改變，會讓你的人生更加多采多姿。

然而，在我的經驗中，能為我指引明路、並幫助我在人生後半段變得充實的，竟然是那些面對癌症的個案。「罹患癌症」這件事，不僅能一口氣打碎「我可以不斷成長進步」的幻想，同時讓人強烈意識到死亡的存在，並將「人生有限」的現實灌輸給人們。

無可諱言，我們總是盡可能避免提及死亡，然而，光是意識到死亡的存在，就會讓人產生許多體悟。每個人在得知罹患癌症的第一時間都感覺晴天霹靂，但過了一陣子，他們會開始問自己：「在這有限的人生裡，我要怎麼活？」並且尋求我的諮商。

我自然會盡全力幫助這些患者，然而，我發現每個與我面對面對談的個案所展現的生活方式，都具有強大的感染力與說服力。我從他們身上學到，哪些東西是生命中最重要的、屬於本質性的事物，結果就是，我的人生也變得視野寬闊。

最後我想說，你或許對中年危機的到來感到痛苦，但唯有遠離年輕時奠基於「幻想」的夢想，才能獲得真正幸福的人生。

這本書的內容，若能成為各位進入後半輩子人生方向的參考，我將甚感欣慰。

二〇二〇年九月 清水 研

第1章

折磨你後半生的「幻想」

為什麼會陷入中年危機？

我在〈前言〉提到，中年危機發生的原因是：我們赫然發現，過往一直抱持的未來藍圖，只是個「幻想」。人在年輕時還不了解這個世界的運作規則，往往對自己過度自信，懷抱著遠大的夢想與希望。然而，等進入了中年期，才真正領悟到那些虛妄的期待，根本無法實現。

儘管我們都知道，人總有一天會衰老，但年輕時會把這件事當成一種常識，而不會強烈地去意識到它。當你聽到老人家抱怨：「上了年紀之後，身體就不聽使喚了！」你可能不當一回事，不曾聯想到自己將來也會如此。因此，在年輕時所描繪的人生藍圖中，我們經常想像自己能夠無止盡的成長。

問題是，「幻滅」並非等到中年才姍姍來遲。事實上，**早在進入中年之前，人在成長過程中就不斷地經歷過「幻滅」**。在進入「中年危機」的話題前，我先談談人生前半段所體驗到的幻滅。

未來要做什麼都可以

小時候，我拿著塑膠球棒和橡皮球，跟一群朋友在公園打棒球。當時的國民英雄是王貞治選手，當我站上打擊區對自己大聲說：「四號、第一棒，王貞治！」如此這般宣佈完，我就把自己當成了王選手，彷彿自己就是國民英雄。

年紀小的孩子往往認為自己生活的環境就是全世界；他們不曉得自己所處的生活圈相對於真實世界，是多麼地渺小，也因此無法想像要成為一名職棒王牌選手是多麼困難，還以為朋友之中，棒球打得好的那些人，都足以去當個職棒選手。當時的我，始終以為成為王牌選手的夢想能夠實現。

當然，現在的你就算陪伴兒孫玩遊戲，也不會像當年一樣沉浸在化身英雄的錯覺裡。但你的兒孫輩肯定能融入那個世界，所以你必須為了他們扮演好自己的角色，孩子看到你開心的笑容，才能玩得盡興。

年幼的孩子往往以為自己祈求的願望都能實現，換言之，他們以為世界是以自己為中心運轉，這在發展心理學中稱為**「自我中心主義」**（自我中心期）；他們把自己當成世界中心，認為無論好事、壞事或生活中所發生的一切，都是因為自身的緣故。這又稱**「魔法思維」**（magical thinking），亦即「脫離現實」的意思。

他們以為世上發生的事情原因都出在自己，因此，與他們相處時必須留意這點。舉例來說，要把父母罹癌的事實，告訴一名幼小的孩童，如果沒有加上一句「這不是你的錯」，孩子可能會自責地認為媽媽會罹癌，都是因為我不乖。

井底之蛙

隨著孩子的成長，魔法思維逐漸消失，到了小學高年級階段，即使身邊重要的人生了病，孩子也不會再認為是自己的錯。不過，他們仍舊以為自己生活的小小社區就是全世界。

接著，上了高中，眼界跟著擴大，更懂得從客觀角度審視自己。比方說，你直到國中都成績出色，原以為沒有人比自己更聰明了！沒想到，高中的班上有來自其他地區成績優秀的同學，這才發現，跟自己水準相同的人比比皆是，你因此明白這個世界很大，人外有人，天外有天。

就像這樣，在人生的前半段，每個人繼續擴大生活圈，開始從客觀角度審視自己，就能讓魔法思維消失。不過，此時我們對未來仍舊保持樂觀的想像，懷抱著遠大的夢想。

※本書在說明中年危機發生之前的歷程時，是把焦點擺在一般人小時候很樂觀、認為自己無所不能、發展健全。至於孩子容易在各種事情上受挫並陷入精神危機的這個部分，將在其他作品中討論。

無所不能的未來

這麼說來，我和我朋友在念高中時，也對未來抱有很大的期待。當時，我與同伴勾肩搭背唱著日本龐克搖滾樂團 THE BLUE HEARTS 的歌，大吼著：「長大以後要當個大人物！」」當時既沒有任何能成為大人物的依據，也根本不懂「大人物」是什麼，卻毫無來由地對未來充滿了自信，以為將來想做什麼都能成功。

「大人物」是什麼？以現代日本社會價值觀來看，就是成為首相、大公司的老闆、知名歌手和演員之類的。雖說在我念高中的時候，社會還未面臨泡沫經濟，整個環境欣欣向榮，充滿活力，但現在想起年輕時有多麼不知天高地厚，還是令我汗顏。

年輕時對戀愛的想法也很獨特，而且格外熱烈，可說體現了「戀愛盲目」的道理。我不僅把對方視為真命天子（女），還覺得「只要和你在一起，我就會一輩子幸福。我要為你奉獻我的全部」。

問題是，你憑什麼認為只要和對方在一起，就會一輩子幸福？這種想法根本沒有依據，只是強行把對方當成自己的理想型來看待罷了。結果就是，雙方交往一陣子之後，發現彼此的真實模樣，就幻滅了。

你可以問問那位宣稱「我會珍惜對方一輩子」的朋友：「你和女友後來怎麼樣了？」回答已然變成：「她不是我的理想對象，我們分手了。」或者「她明明說過愛我，卻突然甩了我！」

交往或婚姻能維持長久的祕訣，並非把對方理想化，而是承認雙方都是有優缺點的普通人，有了這層認知，再來想想兩人要如何共同生活才能融洽，彼此要如何朝對方靠近。要打造一個安穩家庭，少不了這種程度的努力。但有些人在人生前半段沒有認清現實，沒想過戀愛失敗的原因都是源於那些自以為是的想像，只一味地認定，我選擇的對象並不符合我的理想。

高中時的膚淺會隨著年齡而消失；成為社會人之後，對於工作和戀愛的看法也逐漸符合現實，認清這個世界並沒有那麼簡單。然而，即使你能看懂了外在現實，有些東西到了人生前半輩子的最後階段，仍舊不會消失，那就是「人能持續成長」的觀念。

人生只有一次，所以在人生前半段的成長過程中，我們無法預先察覺到成長已經結束，人生即將走下坡。直到我們進入人生後半段，陷入中年危機，才體悟到人會逐漸衰老。

我們在三十幾歲就有這種預感，但多數人沒有什麼實感，因為那時在自己身上還看不到關鍵性的衰退。另一方面，也因經驗的累積，使得我們誤以為今後仍然能夠持續的進步。

「我可以不斷成長進步」的幻想

步入中年，「我可以不斷成長進步」的幻想，終於開始分崩離析。

年輕時，逞強硬撐多少還有點用，很多事只要投入努力就能奏效。我的自身經驗也是如此。十幾二十歲時，無須特意照顧身體，也不會影響生活。我的日常行動自如，就算偶爾折騰過頭或熬夜加班，第二天仍舊精力充沛。

二十幾歲時，我在醫院急診室值夜班，跟著指導醫師實習。對我來說，值夜班是種全新的體驗，也是作為醫生最好的成長機會，我過得很充實，經常睡在醫院也不以為苦。

當時的我沒意識到身體會逐漸出問題，一看到負責指導我的老醫生很討厭值夜班，而且第二天上班時，總是一副有氣無力的樣子，我就感到不可思議，覺得他很沒有醫生的樣子！現在想來真的很失禮，我想對當時的自己說：「你真是狀況外！總有一天你會知道，等你也到了四十歲，就會發現熬夜的第二天會完全變成廢物！」

進入三十歲後，硬撐的這招漸漸失效，不過在這個階段還不會覺得死到臨頭；即使感到疲倦，你也會自我安慰：「最近缺乏運動，累一點很正常吧！」處於這個階段的多數人還能繼續堅持下去，對體力的流失通常不會想得太嚴重，只覺得「稍微鍛鍊一下就能保持體力」或是「減個肥讓身體變得結實，馬上就能恢復活力！」

問題是，年過四十，多數人的勉強都失去了作用；身體長期缺乏管理和維護，開始面臨嚴重的肩膀僵硬和腰痛煩惱，一跑步就喘不過氣，新陳代謝降低，飲食稍有不慎就發胖。

年輕時，根本不在乎睡眠，但年過四十之後，早上實在很難神清氣爽地醒來，而且一整天都很難專心。你對此感到困擾，開始藉助「助眠讀物」來入夢。發展到這種地步，你終於發現身體不對勁了。

二十幾歲時那種對身體的信賴——超出負荷還是可以行動自如——已經徹底消失，身體變成了一個「不好好照顧立刻就會找碴的麻煩」。當你領悟到這點，原本支撐著內心的信念——我可以無限期奮鬥下去，我可以不斷成長——也隨之破滅。

尤其，你很難再對自己所不感興趣的事物付出大量的精力。二十幾歲時覺得不斷接觸新事物、學習新知、持續進步很快樂，年過四十之後，這些耗費心力的事物反而帶來了痛苦。即使不斷提醒自己應該要活到老學到老，一步一腳印的前進，也沒有幫助。

有一位體驗過中年危機的朋友以「杯中的水」來比喻這種困境：四十歲開始，在自己沒有注意到的時刻，杯裡的水增加了；只不過那是事後才會發現，在那當下，你並不會注意到杯裡的水愈來愈多了。在杯子裝滿之前，你只會感覺疲憊不堪，而一旦水滿出杯子就來不及了，要從那個狀態重新振作起來並不容易。事實上，那位朋友當時就向公司請了假，辦理留職停薪。

緊抓著幻想的危險

當杯裡的水愈來愈多，請勿繼續抱持著「我可以無限期奮鬥，不斷成長」的幻想。這樣說，各位或許覺得刺耳，但來到四十歲的階段，不要太過勉強自己，的確會比較好。

那些過去總是鼓舞自己硬撐過來的人，往往無法輕易地放下原本抱持的理想；他們認為無法更上一層樓，就代表努力還不夠，批評自己偷懶，甚至陷入了自我厭惡。

當然，也有些擁有強大意志力的人，會藉由鞭策自己，成功的在公司獲得升遷。然而，就算獲得了社會地位成就的肯定，但逞能所造成的痛苦卻更為強烈，你再也無法滿足於這種全力衝刺，務求達標的樂趣了。直到某天，你的腦海浮現一個疑問：**「我這樣一直努力，究竟有什麼意義？」**

猶記年輕時，無論怎麼折騰，身體都會照單全收，但這樣的壞習慣不久就會帶來其他的後遺症。比方說，年過四十，睡眠品質愈來愈差，有時靠著改變生活習慣可以改善，但假如你到了這個年紀還在刻意追求年輕時「好睡好醒」的感覺，開始服用安眠藥，甚至逐漸增加劑量，最後只會對安眠藥上癮。

對安眠藥上癮也就罷了，假如你試圖找回年輕時的活力與暢快感，而去接觸毒品等違禁品，最後等在你人生道路上的，勢必是永遠依賴藥物的命運。

因此，放下幻想或許痛苦，但此時你必須面對現實，覺悟到你需要重新踏上一段尋找幸福的旅程。這裡的「現實」指的是什麼？用文字表述或許駭人，現實就是：**當我們進入人生後半段，就會緩慢又確實地逐漸變「老」，最後迎接我們的是「死亡」終點。而在抵達「死亡」前，或許還有嚴重的「生病」在等待著我們。**

這種論調雖然直白卻很重要，呼應了佛教「生老病死」的觀念。生老病死又稱「四苦」。四苦是人之常情，也是人類無法左右的結果。佛教中談到「四苦」不是一種消極的態度，而是希望人們能留意到「四苦」是人生的現實。

後文我將詳細說明放下「人能不斷成長」的幻想之後所得到、以現實為前提的幸福是什麼。不過，放下幻想的用意，是努力思索如何活在當下，而不是在現階段就得為未來做出犧牲。如此一來，你就能看見生命中忽略的風景。

「在社會上成功，就能幸福」的幻想

陷入中年危機的「幻想」有兩種，一種是「我能不斷的成長進步」，另一種在中年階段會瓦解的幻想，是與奮鬥方向有關的：「在社會上成功，我就會幸福」。

小孩子剛懂事時都很天真，對於眼前的事物充滿好奇，而且隨心所欲，討厭就說討厭，難受時就哭泣，或許還會問些本質性的問題：「宇宙盡頭是什麼？」或「人死後會去哪裡？」。然而，當你問「人死後會去哪裡？」大人往往逃避回答，或許還會告訴你：「用不著想那些啦。」

在我的時代尤其如此，從小接受的父母教養和學校教育都灌輸我們「從頂尖大學畢業，進入知名企業就能幸福」的價值觀。我們按照這些價值觀生活，咬牙忍耐，壓抑自己的慾望。

一旦忍耐過了頭，有些人到了青春期會開始質疑：「人為什麼要活著？」然而多數人在踏入社會後，依舊壓下滿腹的疑惑，認為生活在社會上理所當然必須「忍耐」，同時也缺乏自己「正在忍耐」的自覺。

日本有種說法是「滅私奉公」，儘管這個詞已不適用於現代社會，卻是長遠以來日本人傳統上遵循的價值觀。滅私奉公是指拋棄私利和私慾，為公眾利益盡忠，這也是典型與奮鬥有關的幻想。採取這種生活方式的人，可以說是最容易陷入中年危機的族群。

在上個世紀的日本，人們習慣把自己和家人的幸福擺在第二順位，如同具體實踐「滅私奉公」那般，他們認為將一切奉獻給公司是正確的生活態度，天經地義。當時有終身僱用制，在典型日本式經營的企業裡，公司對待員工就像家人一樣。然而時至今日，終身僱用制已不再適用，就連稱得上日本傳統企業代表「豐田汽車公司」的社長豐田章男都明白表示：「終身僱用制已經很難繼續實行了。」

在人生前半段把一切奉獻給公司、生活中只有工作的人在遭遇裁員後，發現現實就是公司不會保護自己，這讓他們很難在心理上找到平衡。一想到我為了公司奉獻一切，卻得不到回報，那麼努力有何意義？內心就像是被掏空般，只剩荒蕪。

即使你運氣不錯，能在一個大企業幹到退休，這種滅私奉公的生活還是會在某些方面帶來問題。你把公司當成自己的家，退休時就等同於被趕出了家門，很難再找到歸屬感。實際上，也有人退休之後就患上了憂鬱症或染上酒癮，更因為失去了職稱而失去身為公司一員的自我認同。

進入人生的後半段，人們逐漸看清職涯的全貌，漸漸能預期今後的景況，關注起退休生活，從而發現，過往的奮鬥目標只是個幻想。於是有人想：「如果退休之後就會失去工作上的自我認同，那麼，現在把全身心都放在工作上，以後變得空虛該怎麼辦？」因此，這些人開始覺得，出人頭地、接手重任、或在公司創造輝煌業績的這類堅持，不那麼有意義了。

就像這樣，「在社會上成功就能幸福」的幻想逐漸褪色。另一方面，不會有人告訴我們，除了物質上的追求，要怎樣才能讓心靈也變得豐富滿足，所以我們只能緊抓著過去信奉的價值觀，不捨得放手。

這麼一來，儘管感到不安與空虛，你還是因為害怕失去方向，而從事著不情願的工作。但年過四十之後，我們很難再把精力花在不感興趣的事物上，因此，耗費心力上班勞作，也成了一種痛苦。

年輕時幻想之必要

行文至此，我介紹了每個人在人生前半段所抱持的兩大幻想。然而，在某種意義上，這種幻想是生活的原動力。我並非指控所謂的「幻想」是個壞東西，因為人生前半段可不能沒有幻想！年輕時，我們對看不見的未來懷抱著希望或不確定感，勇於挑戰各種事物，而這些挑戰足以改變世界，成為人類進步的動力。

假如年輕人不願意挑戰，而由高齡者去俯瞰人生，這個世界將會多麼缺乏活力又無趣？再說，相信挑戰者本人也不會後悔去挑戰。當你從幻想中清醒過來，進入人生後半段，你會一邊回顧著年輕時那個勇於挑戰的自己，一邊感嘆：「啊，年輕時真不知天高地厚，橫衝直撞的，不過那時真快樂啊。」

從挑戰中獲得的經驗將成為一個人的智慧，為人生後半段帶來益處。因此，我不希望這本書的觀念引發誤解，我並不否定每個人在人生前半段所嘗試的各種挑戰，我只是認為，在切換進入人生後半段的這個階段，我們必須放下褪色的幻想，找到另一種新的生活態度。

賈伯斯說「財富不重要」

每個人都會在人生的某個時間點，發現理想與現實產生了落差，因此

一旦進入人生後半段，雖有程度上的差異，多數人都會陷入中年危機。這其中，**落差愈大，危機也就愈嚴重**。

面對危機時，你或許咬牙執著於年輕時所描繪的幻想，但是認清一個事實很重要，那就是：放下幻想的時刻來了！我們應該好好面對今後將逐漸老去的現實，才能找出理想的生活方式。中年危機的意義就在於，它可以使人變得成熟，讓人生更加豐富。中年這段時期可謂人生的中繼站。

那麼，這條路上有指標嗎？答案是「有」。若問我在哪裡找到，我會說，我有幸因為工作的關係，在眾多癌症體驗者跟我分享的事物當中，找到了路標。

我自己陷入中年危機時，同樣感到迷惘痛苦，提不起幹勁，活得非常空虛。是那些面臨死亡的癌症體驗者把「**人生中最重要的事物**」指給我看，他們的故事溫暖了我的心，至今這些珍貴的體悟還迴盪在我的心中。

我的個案教會了我，即使得到癌症，生命的剩餘時間有限，但依然能活得多采多姿。而在這個多采多姿的世界，與他人競爭得來的地位財富和資產，根本不重要，因為這世界擁有人類的溫暖，有大自然的美麗，同時你會體驗到自己內在是多麼的富有。

蘋果電腦創辦人賈伯斯最後留給我們的話：「我所贏得的財富，在我死的時候完全無法帶走。我能帶走的，唯有充滿愛的回憶。」這段話正是上述觀念的體現。

赫曼・赫塞的詩

〈走向目標〉

我總是漫無目的地行走，毫無休息的念頭，只因我希望自己這條路沒有盡頭。終於，我發現自己只是在原地兜兜轉轉，於是厭倦了旅行。那日成了我生活的轉機。現在，我遲疑著朝目標走去，我心知肚明，死神就在每條路上，朝我伸出手。

——引自赫曼．赫塞著，高橋健二譯
《赫塞詩選》（新潮文庫）

擺脫中年危機的先決條件就是放下幻想，面對現實。首先必須放下的幻想，就是「我能夠一直努力下去」。我們必須認識到一個鐵的事實：在人生後半段，我們會緩慢但確實地「老去」，或許經歷幾場大病，最後等著我們的，就是死亡終點。

罹癌，毫無疑問就是「大病」的經歷，而衰弱則提醒我們正在「老去」，也使我們清楚意識到人生終點就是「死亡」。換句話說，我們必須面對這些無法逃避的現實，正以強有力的形式鋪天蓋地而來。

一旦強烈意識到「死亡」終點，那麼「成功適應社會就能獲得幸福」的第二個幻想，也就會跟著消失無蹤。接著，我們將被迫重新尋找幸福在哪裡？

沒有人會覺得罹癌是一件好事。但也有不少人表示：如果沒有罹癌，我就不會獲得這些體悟。罹癌經驗或許為人生真相的挖掘，提供了強而有力的作用。

因此，那些踏上旅途尋找人生目的的癌症體驗者所發現的東西，對於今後也將踏上旅途終點的中年危機者（包括每一個人）來說，也算某種意義上的前人智慧，同時成為旅程中的可靠路標。前文所引用赫塞的詩作，講的就是這件事。

不當個強大父親也無妨

接下來，我要分享千賀泰幸的故事。他坦然面對了癌症，並為我人生後半段的困境指點了迷津。

千賀先生來看診時五十四歲，從事科技產業。他在公司負責業務開發，經常往來日本各地，可說是個工作狂。他結了婚育有三子，他一直認為當個強大的父親保護好家人，就是他最大的責任。

然而，某天他得知罹患了肺癌，並且持續惡化。醫生宣布他五年的存活率僅有5%：「腫瘤已經轉移到淋巴結了，但因位置太靠近動脈很難開刀，只能以藥物搭配胸部放射線來治療。不過，這種治療方式頂多把五年的存活率提高到20%。」

當主治醫生這麼告訴他，千賀先生心想：「原來我就要死於癌症了。」他的態度看起來很冷靜，接著腦中浮現的念頭是：對了，我們家的房貸，在我死後就可以不用繳了！

「所有人的時間都是有限的。發生這種事只能接受。」千賀先生這樣告訴自己。

如今想來，千賀故作鎮定地說著這些話的同時，也在努力扮演著「強大父親」的角色。

不過，後來千賀先生開始住院接受治療，卻發生了意想不到的事。住院期間，千賀先生總是偷偷拉上了病床的簾子，獨自一人默默哭泣。他哭泣並非因為治療痛苦或恐懼死亡將至，而是感嘆他必須拋下家人離世，再也沒有能力保護家人了！他無法接受一向強大的自己變得衰弱。

精神瀕臨崩潰的千賀先生，開始來看我的門診。某天，他體力不支，情商兒子陪同他一起來看診。兒子二話不說就跟著來了。父子倆過去的關係就像頑固老爹與叛逆兒子那般疏離，所以千賀先生很高興兒子迅速答應了他的請求。

在來醫院的路上，千賀先生注意到，兒子會若無其事地保護著自己；搭乘手扶梯下樓時，兒子刻意站在自己的前方，而上樓梯時，兒子則放慢腳步，走在自己的身後——這是一種絕對的保護姿態。千賀先生很驚訝，他的兒子不知道什麼時候已經長大了。

看診時，我問千賀：「最近怎麼樣？」

他對我說：「醫生，我還是很難控制好情緒，我很懊惱。過去我一直都在保護家人，想當個帥氣的父親，成為家人眼中的英雄。可是，英雄不該流淚的對吧？」

他語帶哽咽。原來，對自己這種情緒反應最不解的，就是千賀先生本人。

診間安靜了一會兒，坐在旁邊的兒子開了口：「我父親以前總對我們說，遇到困難就來找他幫忙。小時候有人霸凌我們，他馬上跑去教訓對方。我父親一直以這種姿態守護著家人。不過，即使現在父親生病了，他在我們心中依舊無可取代，什麼都沒有變啊，老爸仍是我們家的英雄。」

兒子的這番話讓千賀先生當場淚流滿面，我也感受到兒子溫暖的心意。就在那一刻，千賀先生擺脫了束縛著他的「必須當個強大父親」的使命，獲得了自由。後來，千賀先生不再為了「強大父親」的「人設」而咬牙苦撐，而是享受每一個瞬間，珍惜活著的每一刻。

某天，千賀先生突然對我說了一段話：

「其實，最近我開始注意到罹癌前不曾發現過的事。罹癌之前，我天真地以為自己能夠活得長長久久。我還做著這種美夢時，時間早已一眨眼流逝了。一直以來，我早上搭電車上班時會戴著耳機，現在卻覺得這樣很可惜。走到車站的路上，風穿過林梢的聲音，小學生在路上的嬉鬧聲，就連車水馬龍的喧囂都讓我覺得可愛，樹木配合季節轉換顏色也很神奇。我甚至注意到風有不一樣的顏色，以及季節的來來去去。」

幸運的是，千賀先生在罹癌五年後，至今仍然活著，儘管無法和從前一樣健康，但每天都過得很愉快。不久前，他感性地寫了一篇文章，分享到公司的社群：

〈早晨的擁抱〉

每天出門上班時，妻子會在玄關擁抱我，過往即使是新婚時，她也沒有這樣做。生病縱然遺憾，但也並非只有遺憾。

我們已是中年夫妻，不過我的妻子太有魅力，我很想請她別這樣。

生病之前，我堅定地認為一定要保護好妻兒，這是我的責任。

然而生病之後，我與妻子、孩子、朋友們，反而能夠在真正意義上的「重新認識」。在此之前，我都是透過自己的濾鏡在看待他們。

只要自己足夠強大，就有能力保護他們，這種想法或許沒有錯。但事實上，是我的妻子在支持著我，是身邊每個人在彌補我的不足。

我也是因為生病了，才有機會遇見這樣的自己。

與其害怕離別的時刻隨時到來，不如想著能夠一起生活的日子比較快樂。

我們夫妻做到了。

這篇文章寫於宣告罹癌即將滿兩年的春天

※引用：稻垣麻由美著《人生中真正重要的事情：癌症病患的精神科醫生清水研與患者們的對話》（KADOKAWA 出版）

千賀先生的例子讓我們看到，一個人如何脫離「強大父親」的形象重獲自由，進而肯定真實自我，重拾能夠感受到溫暖關係與日常點滴的敏銳心靈。這不只對癌症體驗者有意義，對所有身陷中年危機的人來說，也是重要的提示。原因在於，即使走向衰老，只要每天都能感受愛與美，就會覺得幸福。

踏上人生新旅程

我想那些陷入中年危機、每天都痛苦掙扎又自怨自艾的人，一定也期待能得到幸福吧？來吧，踏上人生的新旅程！不管是罹癌經驗還是中年危機，你都會被迫出發前往探索人生。

另一方面，陷入中年危機的人與癌症體驗者，又有些許的不同，因為**中年危機是趁你不注意時悄悄地靠近，反而不像某天明確發現重大疾病這類突如其來的打擊所帶來的嚴格考驗**。結果往往是，像溫水煮青蛙般，過去以為安全的避風港儘管愈待愈不舒服，卻遲遲無法邁開腳步，反而想盡辦法改造不舒服的環境，打算永遠賴在這裡，因而採取錯誤的處理方式。

緊抓著過去的幻想，就是一種錯誤的處理方式，這會讓問題苟延殘喘，難以根治——這便是中年危機面臨的難題。

當然了，即使你深知中年危機的來龍去脈，也看到從那兒出發的旅行地圖，但光看著地圖，永遠也無法展開旅程。簡言之，這一切都需要你鼓起勇氣踏出第一步。而本書宗旨就是希望經歷過中年危機的我，陪著你們一同思考，幫助你們邁向新旅程。

第2章

徹底悲傷，徹底低潮

——打造不被負面情緒擊敗的心靈

前文提到，為了擺脫中年危機，我們必須放下「人能不斷成長進步」的幻想，正視現實，才能享受多采多姿的人生。

突然間要放棄長久以來的信念，一開始難免讓人害怕。因此本章要介紹：如何面對「死亡」就等在人生終點的現實。

你或許對死亡感到恐懼，甚至逃避去想。事實上，現代社會整體都有不願談論死亡的傾向，而且每個人不知不覺都受到這種傾向的影響。但有些事情，唯有正視死亡才能看得見。

避免思考死亡

如果有朋友找你傾訴：「醫生說，我得這種病或許活不久了，你能不能聽我說說？」你要怎麼回答？你可能會說：「別說什麼死不死的，太不吉利了。不要害怕，你一定會沒事的……」想要好好討論死亡並不是件容易的事，畢竟現代社會習慣避免思考死亡。

舉例來說，最近很流行「百歲人生」這個詞彙。如果人人都能活到百歲，那麼本來被定義為高齡者起點的六十五歲，也不過是途中的一點而已，所以很多人最先想到的是：「我該怎麼度過漫長的老年？」

平均壽命延長固然是好事，但我們也能從「百歲人生」的觀念看出這其中有刻意延後思考死亡問題的意圖，同時阻礙了我們放棄「人能持續成長」的幻想。

為什麼現代社會如此避談死亡，甚至遮遮掩掩？我認為原因如下。

人類具有動物的生存本能，因此對那些能預感到死亡的事物有著強烈的恐懼，比方說站在高處、遇到野獸，或被人拿槍指著頭等。在那些情境下，我們會極度恐懼、心悸或發抖，在生理和心理上出現強烈的反應。

另一方面，人類與動物最明顯的不同之處，就在於能夠預測未來。所以儘管人類恐懼死亡，但又深知生命有限，總有一天會死，這是為了演化而衍生出的糾結心態。

儘管害怕死亡卻又無可避免地陷入糾結，過去的人類是如何處理這種矛盾？回溯歷史會發現，中世時期的多數人對於死亡都有著具體的想像。當時的人多半有宗教信仰，許多宗教教義都會提到死後的世界，多數人相信「死後有來生」、「表現良好就能前往極樂淨土」、「可以上天堂」等世界觀。

反觀現代的社會，信教者比例降低，大眾開始從科學角度思考事物。問題是，科學對於「人死後會怎麼樣？」這類問題往往無法給出令人信服的解釋，於是我們對死亡仍然充滿了問號。這麼一來，現代人開始採取最簡單的方式，也就是避免去思考無法解釋的死亡。

然而，**有了罹患癌症這類攸關性命的疾病，或失去重要親友等經驗，人們不得不硬著頭皮面對死亡議題，從「避免思考死亡」這種表面對應，提升到下個階段：好好正視死亡**。我從癌症體驗者的身上看到他們學會了凝視死亡而活著，而願意凝視死亡的態度，反而讓生命變得更加耀眼。

圖 1｜從遭受打擊到重新振作——創傷復原五階段

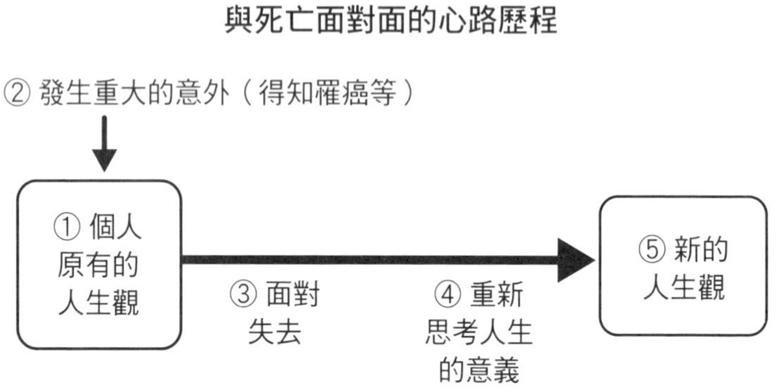

資料來源：創傷後成長（Posttraumatic Growth：PTG）模型 Calhoun & Tedeschi，2000 年

我們如何遠離「不斷成長進步」的幻想，凝視死亡終點，在人生後半段看見不同的風景？首先，來了解一下癌症體驗者的心路歷程。

請看圖1，這個心理學模型稱為「**創傷後成長模型**」※，用來說明人心在經歷了癌症等重大失落之後，會出現什麼樣的轉變。

一個人原本具備「**①個人原有的人生觀**」，卻被告知罹癌等「**②發生重大意**

外」，他的人生觀因此分崩離析。

再下來是痛苦的想法與情緒反反覆覆地出現，他採取了第一個挑戰「**③面對失去**」，痛苦的情緒逐漸平息。接著，他開始面對第二個挑戰「**④重新思考人生的意義**」，最後創造出「**⑤新的人生觀**」。

中年危機的不同之處則在於，當事者的人生觀，並非因遭逢打擊而被一口氣無情地摧毀，而是逐步地、漸進式地產生轉變。

除此之外，中年危機和面臨罹癌的創傷，兩者仍然有不少共通之處，因此大致還是可以參考創傷復原五階段的變化。

我以一位癌症已經轉移擴散的二十七歲個案的例子，來說明五階段變化①～⑤的過程。

※引用文獻《創傷後成長手冊：難以忍受的體驗帶給人心的影響》（醫學書院）。原作編輯：Lawrence G. Calhoun / Richard G. Tedeschi
翻譯與審訂：宅香菜子、清水研

❶個人原有的人生觀

在「百歲人生」的說法普及的現代，普遍認為每個人都會活得長壽。只要沒有經歷過大病或意外事故，多數人都以為接下來的人生理所當然能再延續個十幾、二十年。

二十七歲的岡田拓也正是如此；他不曾想過自己會死，死亡彷彿很久遠的事，他過著自律的生活，每天都很努力過日子。岡田先生在金融機構上班，責任感很強，他毫無保留用盡全力完成公司指派的任務。周遭的人也認同他的能力。他希望未來能夠派駐國外工作，因此經常利用私人時間學外語，上健身房鍛鍊。他交友廣泛，但並非為了尋求舒適圈的慰藉，而是為了刺激自己、提昇自我。他很重視與朋友相處的時間，尤其樂意與抱持著新觀點的朋友交往。

每個人的人生前半段藍圖，可以說都是根據理想繪製而成，岡田先生的人生觀就是：只要我足夠努力，什麼事都能成功。他的人生目標是實現五年、十年甚至更長遠的夢想，而他的努力也都是為了達成目標。

❷發生重大意外

然而，某天，岡田先生莫名感到不適，本以為只是身體的小毛病，沒想到一陣子之後，整個人愈來愈疲累，體重也減輕了。他去醫院接受檢查。院方表示需要做進一步的精密檢查，他頓時覺得有些不安，卻又樂觀地認為沒什麼大不了的。

可是，檢查後主治醫師告訴他：「你得了硬胃癌（Scirrhous型胃癌），這種癌症目前很難根治。」他的腦袋一片空白，無法相信這種事就發生在他身上；眼前的醫師詳細地為他說明著病況，他卻感覺自己像在看一齣電視劇，彷彿這是發生在別人身上的情節。

他對後來的事幾乎沒有印象，也不記得是如何回到家的。岡田先生徹夜難眠，天快亮時才稍微瞇了一會兒，醒來後發現：「啊！昨天發生的事情是真的！」一股強烈的絕望湧上心頭。他上網了解自己的病情，看到「五年存活率不到 7 %」的數字後十分錯愕。

❸挑戰 1：面對失去

本來以為還能活個幾十年的人，突然被宣告罹癌，甚至「可能活不到一年」，原有的人生規劃轟然傾頹，本來的生存前提分崩離析，因此有段時間，岡田失去了活著的意義。

等他領悟到過去規劃的人生永遠不會到來，他開始面對第一項挑戰，也就是「面對失去（失去的人事物）」。後文會詳細說明，這個階段最重要的是不要壓抑憤怒和悲傷等負面情緒，而應該好好表現出來——因為這些**負面情緒有著治癒心靈的力量**。

岡田先生原以為自己才二十七歲，身體一定很健康，沒想到不曾作奸犯科的自己卻罹患了正在擴散的惡性腫瘤，這點令他無法接受。「我為什麼會有這種下場」的念頭始終揮之不去。岡田先生抑制不住強烈的怒火，他吶喊著摔東西，甚至遷怒父母。但不管如何掙扎，無可動搖的事實擺在面前，他終於疲於再發脾氣。

憤怒逐漸平息後，繼踵而來的是滿滿的悲傷。悲傷是一種「失去對自己而言重要的人事物」所產生的情緒。岡田先生一想到不得不放棄原本規劃充滿希望的未來，就淚流不止。

❹挑戰2：重新思考人生的意義

儘管無法停止憤怒與悲傷，不過在岡田先生領悟到「我不可能逃避現實」時，他心中產生了新的疑問：「**假如沒有下一個十年，那麼，我要為了什麼而活在當下？**」由此衍生出第二項挑戰，找出罹癌人生的意義。

一開始，他跑到書店翻閱心理書籍，可惜絕大多數的這類書籍都預設人類會越來越長壽，他看了反而更鬱悶。就在痛苦得想一死了之的時刻，他的主治醫師告訴他，有醫生專門針對癌症患者提供心理照護，於是岡田決定一試。

第一次來看診時，岡田先生對於心理諮商半信半疑，他的眼神充滿了質疑：「你能理解我的心情嗎？」或許是羨慕我能活得比他久吧！我詢問了事情的來龍去脈，並告訴他：

「岡田先生，你過去的每個時刻都是為了未來而活，你為了未來而犧牲了現在的一切，所以，你不知道如何活在現在。」

聞言，岡田先生同意道：「你說得沒錯。我希望你陪我一起想想該怎麼做才好。」他稍微願意相信我了。

我接受了這個任務，扮演起指導岡田先生摸索「如何活在現在」的教練。

❺新的人生觀

重新思考人生意義時，前方有個什麼樣的世界在等待我們？從心理學領域的創傷後成長相關研究來看，一個人的想法會產生五種變化，分別是：

①感謝人生
②展現人類的韌性
③全新觀點
④與他人關係的改變
⑤心態上的改變

並非體驗癌症的人都會發生這五種變化，然而深入觀察每個人在遭受創傷之後，想法所發生的變化，就會發現多數人都符合這五種變化中的幾種。關於這五種變化的具體介紹，後文將詳細說明。

感謝今天能夠活著

除了意識到死亡很恐怖，另一方面，心中也會湧現這五種變化中的第一種——「感謝人生」的念頭。也就是說，即使罹癌後會產生「我能活到什麼時候？」的不安與恐懼，也會產生「原來我今天能夠好好活著，並非理所當然」的體悟。

人總是物以稀為貴；一塊黃金如果掉在地上，大家都會注意到吧？外行人看到人造鑽石，一定無法區分它與天然鑽石的不同，但人造鋯石的價格只有天然鑽石的幾十到幾百分之一。

同理，誤以為時間能永遠持續下去的人，往往不懂得珍惜，散漫地度過每一天。等時間變得有限，才意識到每天都珍貴，甚至開始對「今天能夠好好活著」心生感謝。

我們在年輕時，尤其容易不自覺地認定人生能夠長長久久，還認為一年、兩年之後，也會過著一成不變的生活。這樣想，心理上或許安定，但從中年危機的觀點，我們最好認清往後的人生道路並非必然是這個走向，很可能「人生只剩一年就要結束」。

此外，即使長命百歲，今天的自己仍然是往後人生中最年輕的時刻，我們無法逃避愈來愈衰老的現實。在放下「今後也能不斷成長」的幻想後，「感謝人生」的想法能夠幫助我們重新定位人生觀。

我要我分享一位七十多歲男性個案的例子。這位患者名叫玉川淑雄。玉川先生在嬉皮文化盛行的七〇年代度過大學生涯；他年輕時組過樂團，搭訕可愛的女孩，盡情享受自由自在的人生。他從事媒體工作，一直單身，直到五十歲才與小自己十歲的妻子結了婚。

其實在我撰寫本書時，玉川先生已經過世，不過他過世前留下了這段話：

「我對現在的身體無法活動自如感到懊惱，但過去，我的確能夠健康地活著，這都要感謝生我育我、使我成長茁壯的母親。

另外，我想感謝有一群懂我並願意鼓勵我的朋友。在往後剩餘的時光裡，我想更珍惜與朋友的關係。

婚姻生活也是，我珍惜與妻子一起相處的時光。我不知道我們還有多少時間可以一起吃飯，但我希望盡可能製造與妻子津津有味共享美食的機會。進食對我來說已經有點困難了，但這是我小小的心願。

我想陪妻子走一趟她始終想去的愛琴海郵輪之旅，也想為了妻子去拜訪住在長崎的岳母。」

「還剩下幾次機會可以一起吃飯呢？」一想到時間所剩無幾，他就十分珍惜與生病以來一直照顧著他的妻子共享溫馨的機會。

他體驗並意識到失去，明白剩下寥寥無幾的時光有多麼寶貴，就連日常生活中的尋常事物，也具有無可取代的意義。

中年危機是一種逐漸失去的狀態

「某天突然被告知罹癌」這種事，可說是一種最強烈的「喪失體驗」。尤其罹患了已經擴散的癌症，更會失去原本生活中以為理所當然存在的多數事物。

除了面對死亡，有些情境也會出現強烈的「喪失體驗」。

比方說，對於一個愛美、對外貌有自信的女性，因為罹患了乳癌而必須切除乳房，就是一種重大的喪失體驗。一名廚師罹患了舌癌而失去味覺，也會瓦解身為廚師的自我認同，讓心靈受到莫大打擊。

另外，癌症患者的家屬也會承受巨大的失去，因為重要親人的離世，原本的生活被迫改變，失親者往往會經歷無法估量的失落感。

可以存活的天數、健康時能從事的活動、身體的一部分等，每一樣東西都是無可取代；失去這些東西所產生的失落感，是難以想像的強烈。

有的人不像岡田先生那樣年紀輕輕就罹患癌症，很快就終結了生命，而是在生命中有更多的機會體驗到各種失去，包括中年身材走樣、生病頻率愈來愈高；一心只想出人頭地的中年主管在公司犯了錯，從此斷了升遷之路；聽聞友人衰老生病，也開始意識到「自己哪天也可能生病」。

此外，有愈來愈多人遭遇到一直守護著自己的雙親逐漸年老、死去的經驗，自己也同樣受到失落感的打擊。

像這樣，多數人都會面臨的中年階段，讓人逐漸喪失了某些東西，失落感一點一滴緩慢的累積，最終導致年輕時建立的信念崩塌。

另外，中年危機所帶來的絕望感，也與這些「失落」在自己沒有留神的時刻，竟然逐漸一步步擴大了有關。

看似強壯的東西很脆弱

我的工作是專門為癌症病患、家屬，以及失親的遺族提供諮商對談。與一般心理門診不同，我的門診主要訴求「**培養心理韌性**」，為這些面臨失去的人提供積極的心理支持。

「韌性」（Resilience）一詞原為物理學術語，是指彈簧恢復原狀的復原力，後來沿用到心理學，「心理韌性」成為意指心理承受巨大壓力時，能夠伸縮自如跨越的能力，以及，即使一時低潮也能重新振作的人心柔軟度。

舉例來說，假設一棵樹看起來很粗壯，就算人類使盡全力試圖推倒它，也無法撼動半分。然而，只要發生一場驚人的暴風雨，看似強悍的大樹往往會應聲倒下。至於看似弱不禁風的柳枝，即使一陣微風都會令其搖曳變形，但只消風一停，柳樹就能恢復原本的模樣。

多數人在生病、失去重要的人或遭受打擊之後，都會承受巨大的痛苦，不過時間一久，就會像柳樹一樣恢復原狀。這個過程當然存在著各式各樣的情緒糾葛和創傷，不能一概而論，不過人類心靈具備了足以恢復原狀的心理韌性。

截至目前為止，我面對過數千名癌症病患，親眼見識過心理韌性的能耐。隨著深入心理韌性的相關理論，我更加堅信「看似強壯的東西，其實很脆弱」。因此，**面對失去時，最重要的不是急著扼殺痛苦的情緒，而是好好面對它，進行哀傷復原工作**。

如果一味假裝失去沒什麼大不了，騙自己「即使發生這種事，我也不會受到影響」、「那種事情無所謂啦」，像這樣逃避面對現實，只是把問題延緩，增加痛苦的時間，也錯失重新振作的機會。

失去重要親人的遺族，往往會有這樣的情況；有些人故意將行程排得滿滿當當，每天維持忙碌的步調，不給自己一點悲傷的時間，有些人遲遲無法動手整理會讓人想起逝者的遺物；也有不少人無法再去舉行婚禮的地點，或離世者的工作場所等充滿回憶的地方。

這些人不想面對「重要的人死了，再也無法相見」的事實，所以產生了這種心理反應。事實上，有些時候即使想面對，也會因為太痛苦而無法面對。所以，面對傷痛對多數人來說，其實並不容易。不過，逃避「承認現實」，就難以繼續「面對失去」，也是個不爭的事實。

因此，我在對這類型的遺族進行治療時，會建議他們做好心理準備，積極動手整理遺物，或者不時到充滿回憶的地方走走。另外，我會引導他們再次回想逝者過世那天的情況，實際感受「那個人已經不在了」，盡情地悲傷一次。

對於失去重要的人、與悲傷相伴的遺族來說，這種做法一開始往往很難受，但**與過去道別，正是為了今後能夠好好活下去的必要步驟。心靈的傷口與身體的傷口一樣，就算痛，也必須清洗乾淨才行。**如果放著不管就會化膿，很久才能復原。

以最新心理學為基礎的精神科臨床醫學提出的建議是：悲傷時不必強忍淚水，如果能夠哭出來，就不要壓抑情緒。要知道，**哭泣並非軟弱的**

表現，反而是堅強的表現——但我認為這項心理學常識，還是太少人知道了。

難過時，有些人會壓抑情緒，借酒澆愁，這是最差的紓壓方式。

希望各位記住，在面對各種危機時，憤怒、悲傷這類負面情緒都扮演著重要的角色。

在我的門診，我不會強迫個案一定要滔滔不絕地跟我分享心事，我會採取各種方法讓個案更容易主動地傾訴內心的痛苦，因為我認為，悲傷時就要好好表現出悲傷的情緒，才能靠自己的力量重新振作起來。

陷入悲傷風暴，才會出現「已經發生的事情無法改變」的念頭，這個想法有一種放棄執著（也就是「斷念」）的意思在，也是你內心想要接受現實所產生的反應。有了這種反應，你會開始一連串的思考：「在這個現實前提下，我要怎樣活下去？」

患者該何去何從？答案就在患者的心中，我無法代為回答。我會敦促患者用自身的力量去面對，找出答案。

在我的門診，主角始終都是患者自身，因為我相信人類即使經歷殘酷的體驗，也有能力跨越傷痛。

如何面對失去

在心理學領域，失去對自己來說很重要的人事物稱為「客體失落」（object loss）；與失落經驗面對面，則稱為「**哀傷復原工作**」（mourning work/grief work）。人在面對失落時該怎麼辦，已經有人準備好答案。以下內容引用日本精神科醫師白波瀨丈一郎的主張，他簡單說明了「哀傷復原工作」的過程。

佛教中，葬禮結束後續會舉行頭七、七七、百日忌、週年忌、三回忌等儀式，這項風俗與精神分析中的「哀傷復原工作」

概念不謀而合。接受告別和失去需要時間與過程；告別不是一次就能完成，而是透過每次的儀式去回憶故人、接受失去故人的事實，藉此逐步告別。

過程中會出現各種悲傷與哭泣的反應；有些時候會茫然若失，無法悲傷也無法哭泣；有些時候會失去理智哭喊；有些時候認為自己做得不夠而後悔偷哭；有些時候會哭著埋怨故人留下自己死去；還有些時候是沉浸在與故人的回憶中啜泣。經歷完這樣的過程後，人就能夠與故人道別，走向新的人生。

換句話說，茫然若失、哭喊、對自己或對別人發脾氣，都是一個人最後能夠好好接受悲傷的過程。對於歷經這個過程的人來說，有個人了解這個過程代表的意義，並且願意陪伴你走過，將是非常強大的心靈支柱。

出處：《Cancer Board Square》醫學專刊，二〇一九年四月號（醫學

書院）P172～176「人為什麼會悲傷？」清水研、白波瀨丈一郎撰文

正如白波瀨醫師這段話所闡述的，按照圖1從「挑戰③面對失去」進入「挑戰④重新思考人生的意義」時，不需掩飾憤怒或悲傷，放任情緒發洩出來非常重要。而此時有人願意陪在你身邊傾聽悲傷與憤怒，將會帶來莫大的力量。

問題是，一般社會的認知並非如此。遭受重大打擊的人得到的建議多半是「別總是心情不好，你要正面思考啊！」很多人只會不斷提醒你：「你要悲傷到什麼時候？」「我不想看到你這麼難過」、「打起精神來吧」等，但是這種建議在心理學看來很不恰當，只會帶給當事人更多痛苦。

正確處理憤怒

面對各種失去時，憤怒與悲傷情緒都具有重要的意義，但此時更要緊的是——**正確憤怒、正確悲傷**。

每個人都會體驗憤怒或悲傷，然而，多數人不知道這類重要的情緒扮演了什麼樣的角色。為什麼我們有時會覺得憤怒，有時會覺得悲傷？什麼原因會使得「憤怒」情緒湧現？我先從這點開始說明。

心理學上，「憤怒」是感受到自己重視的領域遭到不合理侵犯所啟動的情緒機制，或是別人背叛了「你認為理應如此的期待」時所產生的情緒。憤怒情緒的產生是為了修正錯誤，因此具有赫阻敵人的力量。

舉例來說，岡田先生認為：「我才二十幾歲，為什麼我非死不可？」並且產生憤怒情緒，就是因為「二十幾歲的人理所當然很健康」的這種期待被背叛了。

這種時候你感到生氣、大吼著「別開玩笑了！」不過，此時你不該壓抑怒火，而可以透過社會認可的形式，例如找個值得信賴的朋友，對他傾訴心裡話，來宣洩無處可去的情緒。

一般來說，憤怒不是一種會持續很久的情緒，所以即使一時失控，你也能在反覆宣洩一陣子之後冷靜下來，逐漸找回理智，漸漸願意面對「雖然不甘心，但現實世界就是會有人二十歲就罹癌」等現實。

此時，你心中原本認為理所當然的期待會開始改變，轉而認為「我過往認為的事情或許並非正確」、「原來年輕人也會患上絕症」、「現實比想像中更不講道理、更殘忍」等。

事實上，人生中有不少場合會逼迫你修正「理應如此」的標準。但有時，你經過冷靜的思考，也會質疑為什麼這些標準需要修正。

舉例來說，你與上司產生了齟齬，原因是被上司沒血沒淚的剝削，或受到了不合理的對待。遇到這種狀況，你如果一味壓抑憤怒，告誡自己「不可以發火」，那麼心靈就會失去活著的感覺，導致喜怒哀樂的情緒全都跟著麻痺。壓抑憤怒，等於主動放棄了自己的標準，所以你會覺得每天渾渾噩噩，彷彿不是在過自己的人生。

由此可知，你分明生氣卻努力保持微笑，想當個好人，這是很可能失去人生樂趣的危險行為。

另一方面，如果你總是習慣壓抑不開心的情緒，而在某次突然爆發出平日少見的憤怒，往往會掀起社會問題。所以，我不建議各位這麼做。

那麼，該怎麼生氣才對？**當強烈的憤怒湧上心頭，別哭著入睡，也別失控發洩，先承認「我正在生氣」並暫時離開現場，會是一個方式。**

接著，觀察一下自己為什麼生氣。如果可能，找個值得信賴的朋友，請示對方：「不好意思，你有空聽我說說話嗎？」「我遇到這種事，你怎麼看？」言明自己在生氣，聽聽對方的反應。

假如聽了多方意見得到的結論仍然是：「上司的要求實在不合理」，那就試著想想，怎麼做才不會失去自我？怎麼做，才能得到最大的好處？

好比說，上司的要求的確不合理，但待在公司的好處更多？那麼你不妨表面遵循上司的指示，私底下繼續質疑他的想法。拒絕出賣自己的內心，也是一種應對憤怒的方法。

問題是，持續做著一份自己不認同的工作，等於每天背著沉重的負擔。所以，我認為你還是需要考量換個環境，就像許多人最終選擇了辭職。

總之，最不該做的就是什麼都不思考，一味忍耐地壓抑內心的情緒。我們必須正視情緒，了解自己憤怒的原因是什麼。

至於遇到需要重新檢視個人標準的情況，一開始或許難以接受，但以結果來說，這麼做能夠拓展視野，擴大心胸。

我舉個例子：在日本，大家理所當然認為電車應該準時到站，所以等車的時候，如果電車的班次遲到個幾分鐘，就不免焦慮難耐。但是，我聽義大利留學回來的朋友說，在義大利，電車根本不可能準時到站。所以遲到個幾分鐘，沒有人會當一回事。可見在「電車是否準時」的這件事上，日本人和義大利人有著不同的「理應如此標準」。

由此可知，不受狹隘的價值觀所拘束，就是理解各種思考方式的前提。自己所認為的「應該」，只是來自於個人的經驗，對他人來說也有不合理的地方。

所以，當你發現這種情況，必須冷靜下來，修正自己先入為主的成見。

正確悲傷的訣竅

接下來，我們談談「悲傷」。

悲傷情緒會出現在你注意到自己失去了某個重要的人事物時。

正視悲傷情緒，徹底悲傷，內心的傷痛才容易復原。而這正是「面對失落」的用意。

事實上，已經有科學研究證明，在失去重要親人的遺族諮商上，「積極悲傷」有助於復原。就我個人的經驗，也能夠證明這一點。

悲傷的情緒一旦產生，人自然而然就會流眼淚。但是日本人普遍認為在別人面前落淚很沒出息、很丟臉，所以不少人會咬牙忍住，阻止眼淚流出。一旦養成忍耐的壞習慣，悲傷的情緒就很難出現。

尤其是男性從小就在「男兒有淚不輕彈」的教育下長大，因此比女性更常強忍淚水。

小時候，大人經常告誡我：只有弱者才會哭。所以只要我一哭，就會被同伴貼上「軟弱」的標籤。再加上一九七〇年，三船敏郎先生演出的電視廣告中有一句朗朗上口的臺詞：「是個男人，就閉嘴喝札幌啤酒！」推廣男人沉默寡言的形象。

然而**實際上，流淚可以有效地緩解心痛。科學研究指出，哭泣過後，協助人體放鬆的副交感神經會處於優勢。**

坊間也有人利用刻意哭泣的「流淚運動」來排解壓力。或許有人覺得

「流淚運動」聽起來很不可思議，不過這其實很符合科學理論。我相信不少人看完一場悲傷的電影並且狠狠大哭過之後，就會感到神清氣爽。我也聽過不少案例，失戀的人狠狠大哭一場，就能果斷將戀情放手。

由此可知，流淚的行為具有治療心傷的作用。

更進一步來說，比起獨自一人哭泣，在某個人面前哭泣，治療傷心的效果更好。原因在於，當你得到了他人的接納與包容，心痛的感覺最容易被撫平。

國立精神暨神經醫療研究中心的堀越勝醫師說：「假如這個世界上有天堂，那就是能夠放心讓人看到自己流淚的地方。」

我以前不知道哭泣的重要性，我不認為流淚具有正面意義。所以只要患者在我面前不禁落淚，我就會心煩意亂。可是，等我理解哭泣的重要性之後，現在只要看到有人在我面前放心地哭泣，我都會由衷覺得：「能夠哭出來，真是太好了。」

中年失落

讀到這裡，或許有不少人覺得「我很健康，別說罹癌了，我就連生病的經驗也很少，所以沒有體驗過失落。」

癌症患者與其遺族，的確是以直截了當的方式失去了重要的人事物。**反觀陷入中年危機的人，雖然逐漸失去自信和樂觀的前景，卻毫無自覺，結果就是在不明就裡的情況下，內心隱約懷抱著不安與空虛。**

換言之，所有人都會面對失去，只是，癌症患者更容易注意到失落，而中年危機者則否。這樣的細小差異帶來了很大的區別。因此，**處理中年危機，是我們主動培養心理韌性，打造面對失去也不受挫的心態關鍵。**

訣竅有幾個，重點就是把注意力擺在「盡早放下導致中年危機發生的幻想」——正視自己的衰老與死亡。這種建議乍聽下或許讓人不舒服，但改變看待「今天」的方式，此刻就會瞬間變得閃閃發亮。

近年來，「百歲人生」這句話，大家都喊得很順口，聽起來有健康長壽的樂觀意象。但你如果相信這句話，將來就得面對想像與現實出現落差的痛苦。

二〇一六年的統計資料顯示，日本人能夠正常過上日常生活的健康壽命，男性平均是七十二歲，而女性平均是七十五歲。所以事實上，我們或許更早就會體驗到衰老與生病的到來。

我自己再過二十年就滿七十二歲了。二十年有多長？回想自己二十年前發生的事，似乎已經過了許久，又好像沒有太久。但我覺得時間一年比一年過得快，所以抵達健康壽命終點的時間，或許比想像中更為短暫。

好好想像死亡

除此之外，我會刻意去想像自己「未來的死」與「過去的死」。

關於「未來的死」，我想像自己將死之前，躺在床上無法動彈，凝視著天花板度過每一天的模樣。雖然不清楚這種情景什麼時候發生，但我相信這一天必然會到來。

接著，我故意假設這件事會在一年之後發生。一年後臥病在床的自己，回頭看看現在的自己，很羨慕此刻身體還能夠行動自如。這讓我對原本覺得無趣的今天，有了不一樣的看法。在公園樹木間灑落的陽光下散步的時光、與朋友閒聊暢飲的時光、在浴室舒服泡澡的時光，全都變得值得珍惜。

我也很重視自己對於「過去的死」的想像。當我還是個學生時，曾因開車技術太差而出了一場嚴重的車禍，差點死掉。回想起那次的經歷，就讓我寒毛直豎。但每次憶起當時的狀況，多次面對那段記憶，我會提醒自己：我很可能死在那個時候。

經歷過令人遍體生寒的記憶，你會深深感受此刻正活著、而且還多活了這麼長的時間，實在非常慶幸。假如各位也有「如果當時那樣，我或許早就沒命了」的經驗，請好好珍惜那段記憶。

要去面對不好的回憶，一開始或許很痛苦，但像我這樣，試圖從中找到感動之處，不失為一個好方法。

好好想像未來與過去的死亡，可以幫助我們意識到「人生終有時，而且或許會突然結束」的可能性。這些方式都能幫助我們打碎「我很健康，我還能一直奮鬥下去」的幻想。

面對死亡的方法

「正視自己的死亡」，對於總是避談死亡的人來說或許很可怕，但為了消除恐懼而避免思考死亡，只能當成一種表面的應急方式，而且這種作法也只在沒那麼需要正視死亡時才有效。所以，一旦你陷入不得不經常思考死亡的困境——例如生病——逃避刻意不去碰觸的這招，就派不上用場了。

罹患癌症等攸關性命的疾病，或者失去了重要的人，這類經驗會讓我們正視死亡議題，從「避免思考死亡」的表象對應進入下一個階段的對應，那就是好好面對並思考死亡。

年紀愈大，思考死亡的機會也愈加頻繁，你無法永遠逃避下去。好好思考死亡，能夠改變你原本忌諱的恐怖印象。在我的工作中，很多患者都教會了我一件事，那就是，**好好正視死亡，就是思考如何好好活著**。

那麼，面對死亡，我們需要思考些什麼？關於這點，在心理學研究中已有某種程度的答案，我將涉及死亡的問題分成三大類，幫助各位容易理解（圖2）。

這三大類問題各有各的對應方式，如果任由概念模糊而不去釐清，反而會出現莫名的不安與恐懼。但在仔細思考死亡問題的過程中，你會發現自己已經做好了準備，對死亡的恐懼也逐漸改觀。

現在就來學學這三大問題的對應方式，這是很實際的需求。

圖 2 ｜人為什麼害怕「死亡」？

1. 害怕死亡來臨前的過程

· 臨終前會有多痛苦？

· 癌症的病痛很難受嗎？

2. 過世後衍生出的現實問題

· 孩子還小，擔心孩子的未來

· 讓年邁雙親難過，擔心誰來照顧他們？

· 擔心自己的使命尚未完成

3. 害怕自己消失

· 死後的世界是什麼模樣？

· 「我不復存在」是什麼情況？

面對死前的痛苦

第一種「害怕死亡來臨前的過程」，是指對於生理（身體）痛楚的擔憂。比方說：我聽說癌症惡化會很痛苦，在我死之前，會有什麼樣的痛苦在等著我？

罹患癌症的人多半擔心這點，許多人說，比起死亡本身，死前遭受的痛苦更令他們不安。以癌症來說，過去的確有很多新聞報導、小說或電影會強調一個印象：罹癌之後，等待主角的就是悲壯的抗癌生活，難怪一般人會擔心不已。不過，近年來這種狀況已經大幅改變了。

舉例來說，我每天都會到住院大樓去巡房，整棟樓不時見到患者與家人和樂融融談天說笑的樣子，護理師和醫師等醫療人員也面帶笑容，住院樓裡並沒有想像中到處充斥著沉重苦悶的氣氛。

當然，這些病患面臨各式各樣的痛苦，有些人也會在精神上被逼得走投無路；但親自到醫院現場走一趟就知道，與「悲壯的抗癌生活」的刻板印象截然不同。

那麼，死亡之前的痛苦，實際上是指什麼？在國立癌症研究中心提供給一般大眾的癌症資訊服務中，介紹「癌症療養」與「緩和醫療」相關的項目具體提到：以目前的醫療品質，癌症所帶來的身體疼痛，多半能透過正確使用止痛藥來解決。

此外，現今舒緩疼痛的技術（緩和醫療）已經大有進步，疼痛能得到各種類型的協助。而且近年來，連癌症之外的疾病也會採取緩和醫療來減緩身體的疼痛，甚至居家醫療也有顯著的進展，這表示生病的人能在家療養，並獲得醫療與照護制度的照顧。

所以，如果你缺乏相關認識，腦子就會不斷想像悲慘的畫面，然後陷入永無止盡的擔心。實際上，只要擁有正確的知識，知道如何緩解痛苦，面對死亡之前的階段就能安心不少。

解決人生課題

第二種的「過世之後衍生的現實問題」是什麼意思？那就是：「我死了之後，家人會不會陷入經濟困難？」「如果我工作還沒做完就死了，該怎麼辦？」等這類與社會關係相關的問題。

近年來，生前規劃的觀念變得普及，多數人會製作「臨終筆記」，列出死前必須整理的事務。

以實際情況來看，進行生前規劃的人多半超過六十歲。不過，我建議最好進入中年就可以開始寫臨終筆記了，一想到什麼就寫下來。藉由書寫臨終筆記來回顧過往，讓我們得以思考現在並放眼未來，確認自己想過上怎麼樣的人生。

一旦開始書寫筆記，你就會被迫解決過往拖延著未及處理的課題。有些人會選擇跟過去交惡、甚至斷絕往來的家人朋友和解，拔除插在心上多年的刺。

用自己的觀點解釋「靈魂消亡」

第三種「害怕自己消失」，講的是靈魂的消亡。人在死後會如何？科學和精神醫學都無法加以證實，所以老實說，我也不知道答案。

若問問身邊人對死亡的看法，有人認為靈魂不滅，而且有另一個世界存在；有人認為靈魂會再次轉生來到現世；也有人認為死了之後，什麼都不存在了……林林總總的答案，不一而足。事實上，每個人如何定義死後的世界，也會影響到這個人如何活在這個世界。

人死掉之後就不存在了嗎？不存在也就不會有感覺了吧？你又不能去問死人：「那是一種什麼樣的感覺？」當然，你可能也忍不住好奇，變成那樣不可怕嗎？

著名精神科醫師歐文・亞隆（Irvin D. Yalom）說：「假如你擔心死後的自己，為什麼不擔心出生前的自己？」的確，出生前的痛苦，至少我們現在意識不到，所以，或許我們也用不著擔心死後的事。

並非所有人都認為死了之後就歸於虛無，也有人──包括隱約有這種感覺的人──認為死後的世界依然存在。也有人認為：即使死後的世界不存在，但想到自己能以「記憶」的方式駐留在重要的人心中，就像換了一種形式繼續活著，也能緩解「害怕自己消失」的恐懼。

有一位罹患大腸癌的六十五歲個案，最近病情開始惡化，即將不久於人世。

他回憶起童年故鄉的景色，不由得十分懷念。他說，小時候祖父母很疼愛他，會到附近超市買很多零食給他。他記得親戚中有一位溫柔的叔叔，本身沒有小孩，把他當成親生兒子來疼愛，經常載著他到處兜風。他還提到小時候在盛夏蔥田的強烈氣味中，他牽著爸媽的手去公共澡堂的情景。

他記得與青梅竹馬一起觀賞河畔煙火；他記得過年時與親戚團聚，熱熱鬧鬧吃團圓飯……這一樁樁軼事每每回顧起來，都讓他覺得溫暖又滿足；他感恩許多人愛著他，也正因為與那些人相處，他的人生才如此豐富。

他說：「我也在許多人的人生中登場，有時只是個跑龍套的角色，有時或許是重要角色。我是個平凡人，偶而也會傷害到別人。我就像這樣活在許多人的記憶裡，而那些記得我的人，也同樣活在某個人的心裡。我接收到重要人們的念想，交到下個人的手裡。這麼一想，我覺得已經完成了串連生命的任務。」

放下「幻想」的方法

寫到這裡，我已經介紹了許多訣竅，教各位放下「人可以無止盡成長」的幻想。接著，我想談談自己「放下」的經歷。

我在二〇〇三年春天，也就是三十一歲進入癌症中心（現在的國立癌症研究中心）服務，此後開始了為癌症病患及家屬提供諮商的工作。

這個時期的我仍抱著「人能不斷進步成長」的想法，也不曾認真思考過死亡，所以聽到患者問我：「醫生，我活不了多久了，我該怎麼辦？」我只是滿心困惑，無言以對。我沒有體驗過，也無法想像他們的煩惱，絲毫不知如何回應才好。

過了一陣子，我開始覺得：「年輕的我能派上什麼用場？我根本幫不上忙！」儘管我剛到這裡工作時，別人對我這個心理照護專家充滿了期待，但我卻對自己的無能為力感到心虛不已。

另外還有一點，就是我自己當時也深陷於痛苦之中。因為我身邊的人陸續過世，當中有些是我的同輩，有些則比我年輕。尤其是那些年紀跟我差不多的患者，我跟他們用心傾談，接觸過他們的人生，彼此在心靈上產生共鳴，我可以感覺對方的心境清晰地傳達到我的內心。

我因為工作性質經常遇到這種情況，而逐漸感到疲憊。過去不曾思考過死亡的我，漸漸萌生了死亡離我很近的感覺。這種感覺與「未來能持續成長」的看法產生了不協調，導致我的信念搖搖欲墜。

我現在固然身體健康，但總有一天會走下坡。一旦認知到「我不會永遠這麼健康」，過去設定的前提，亦即「人生會延續到明天、後天、下個月、一年之後……」的觀念也跟著瓦解。

與此同時，有一部分的我開始感恩能夠平安地度過每一天。

某次下班跟朋友去喝酒。我一臉認真對同事說：「一想到我們有一天將無法像這樣暢飲美味的啤酒，我就真的很感謝有今天。」同事則一臉錯愕地問我：「清水，你怎麼了？」

這段時期，生死觀首次在我心中萌芽。

「生死觀」是指一個人對於生與死的看法，在我們凝視心中自己的死亡，並在思考生存的過程中逐漸成形。來到癌症中心工作前，我不曾想過死亡，但在面對患者陸續死亡的過程中，我被迫凝視死亡。

我一開始的想法是：人死了，一切就結束了。如果每天都過得很快樂，那麼「死了一切就結束」或許無所謂，但我發現自己其實跟二十七歲就罹癌的岡田先生一樣，過著「為了未來而犧牲現在」的生活，那麼，如果現在就死去，我的人生不就沒有發生任何好事的機會了嗎？我開始煩惱：在結束一切的死亡到臨之前，如何思考才能找到人生的意義？

建立生死觀

那段時期我很困惑，直到某天，我在電視節目中聽見一句話：「**人生是只限一次的旅行**」，我瞬間就被感動了。這句話聽起來普通，卻讓陷入瓶頸的我豁然開朗。當時我心想：原來人生是只限一次的旅行。我們誕生在這個世界上，得到了唯一一次的旅行機會。因此，如果旅途中沒有遇見許多人、錯失了各種體驗，結果讓整段旅程單調乏味，那未免太可惜了。

此外，只要想到人生是一場有終點的旅行，那麼死亡就僅僅代表了「旅程的終點」，而不再是一個值得恐懼的對象。

同時，這句話也讓我轉變了態度，萌生這樣的想法：「反正結束的那一刻終將到來，既然人生是一場旅行，那就不要優柔寡斷，放手一搏吧！」這個體悟讓我成功跨越了「凝視死亡」所帶來的絕望與恐懼，成為第一次正面肯定人生的契機。

建立「生死觀」，換言之，就是在自己的生命視野中賦予「死亡」一個位置，有助於擺脫「人能不斷成長進步」的幻想，能在人生後半段尋找新的意義。

第3章

不回應期待

——跟隨自己的想望

成功適應社會也無法幸福

在這一章，我想談的是「成功適應社會就能幸福」這種與奮鬥有關的幻想。

進入中年期，我們必須採取的行動是——承認家庭或社會從小到大教導我們、那些我們習以為常的事物，其實未必正確。

懂事之後，我們被允許表達情緒，但從父母管教、學校教育、到踏出社會所需遵守的規範法則，使得「必須如此」的思考模式逐漸成形。一旦「隨心所欲」的想法與「必須如此」的想法落差太大，就會使人陷入痛苦。

不過，儘管年輕時難免遭遇痛苦，我們還是認為只要肯努力，一定有好事降臨，並為此奮鬥不懈。不料進入中年，你開始領悟到你所期待的好事未必會發生，結果，堅持「必須如此」的生活就變得難以忍受了。

成為知名外科醫師

幾天前，四十八歲的外科醫師石原先生來到我的門診。

第一次見面，他就脫口承認：「我覺得沒必要來看精神科。但我的主治醫師建議我來，我不得已只好過來看看。」他充滿防備地解釋著。

我理解道：「喔，原來是這樣啊，你是半推半就被人勸過來的。」接著，他緩緩說起自己的心境。他因為癌症治療的後遺症導致雙手麻痺，無法繼續勝任外科醫師的工作，這讓他十分痛苦。

他說：「身為一名外科醫師，如果無法拿手術刀，我就只剩下一個空殼，毫無價值了。」的確，原本引以自豪的醫師無法繼續工作，不難想像該有多麼痛苦。但石原醫師無意間一句「不是外科醫師，我就是個空殼」，深深烙印在我腦海中。

我詢問他生病之前是如何工作的？他告訴我，為了不輸給同事，一直以來他比別人付出更多的努力，即使畢業超過二十年，他已成為同儕眼中的佼佼者，但至今他每天依舊一整天都待在醫院工作，寸步不離。

石原醫師要求自己，要為病患提供最理想的醫療品質，所以每次看到下屬偷懶，就忍不住嚴厲斥責。他在職場上是出了名的嚴格上司。

我問他：「你為什麼想當個醫生？」

他說：「因為我沒有別的選擇。」

「沒有別的選擇？」我忍不住反問。

他告訴我：「我到現在還是不知道自己是否真的想當個醫生。或者，我適合當醫生嗎？」

我問：「你可以詳細說說，為什麼沒有醫生以外的選擇嗎？」

於是，石原醫師提起成長環境。

石原醫生母親那邊的親戚有許多人都是醫生；外祖父更是國內知名的外科醫師，受到全家人的敬重。石原醫師是獨子，從懂事起就背負著母親的期待：要成為一名了不起的醫生。石原醫師考上醫學院時，極少稱讚人的母親對他說：「你做得很好！」由衷認可了他的努力。

後來他順利從大學畢業，展開醫師職涯，在母親高興之餘，他又感受到新一波的強烈壓力——「必須成為像外祖父那樣的一流醫生才行！」

聽到這裡，我似乎能理解他為什麼說自己「不是個外科醫師，就只是個空殼」了。我悄悄地問他：「沒有成為了不起的醫師，你就無法得到母親的愛，所以你一直都很努力，對嗎？」原本強作鎮定的石原醫師終於無法克制情緒，第一次在我面前落下了眼淚。等他冷靜下來，我又問：「可是，石原醫師，你如果不是個優秀的外科醫師，就真的沒有價值了嗎？」

石原醫師回答：「我也不清楚。」

接著在諮商過程中，我們一起回顧了他的大半生經歷；他討厭讀書，卻努力通過資格考試，當上醫生之後，也為了治癒更多患者而努力。罹癌前的石原醫師即使收到患者的感謝，內心也只是麻木地想著「這是我應該做的啊，沒有什麼好開心的。」但現在，他漸漸能感受到那些看診患者的心情——「啊，那些患者是真的很慶幸能夠遇上我吧！」

而他也在回顧過程中逐漸修正一個想法：自己加倍付出的努力，的確帶給了患者不少幸福與勇氣。這不只因為他的手術精湛，更是由於他的熱誠和努力才換來的成果。

原本在幾次諮商過程中，石原醫生一直無法克制「這樣的我是個廢物」的內心吶喊，但到了第五次諮商結束，他原諒了現在的自己，也開始疼惜從小就努力回應母親期待的自己。

最後一次面談，石原醫師說了這段話：

「過去，我全心全意提供給病人最好的醫療技術，其實只為了證明自己很了不起。我對下屬嚴厲，也因為我一直以來都強迫自己表現得完美，所以非常羨慕別人面對壓力時能夠找到抒發的方式，同時，我也羨慕年輕醫師可以不斷地成長。我不知道今後是否能夠繼續當個外科醫師，不過，我應該能以其他形式為病患服務。我將不再出於尋求認可，而在真正意義上想要幫助別人。」

過去束縛石原醫師的「另一個自我」，並非對石原醫師的過往人生毫無幫助，他的存在讓母親認同了石原醫師的價值。這「另一個自己」逼迫石原醫師咬牙奮鬥，成為一名優秀的醫師，但他的心情始終遭到壓抑、痛苦哀號。

在這種情況下罹癌，石原醫師絕望無比，然而，這個進退不得的局面也讓他重新審視過往，與另一個自己訣別。最終，他終於認同肯定了自己，獲得活下去的動力。

「want 自我」與「must 自我」

在石原醫師的心中，有另一個自己不斷地告誡他：「我必須努力成為一名了不起的外科醫師。」事實上，這種情況並不少見，只不過多數人都沒有意識到，每個人的心中都有「want」與「must」這兩個相反的自我存在。

「want」有「想要」的意思，如果是「want to（動詞）」，意思就是「想要……（動詞）」，換句話說，「want 自我」就是想做、想成為、想處於……的狀態，這是表達強烈個人意願的自己。

另一方面，「must」是「必須」的意思，這種「必須」不是自發性的反應，而是在意他人目光或社會規範而產生的想法。也就是說，「must 自我」是一個在意他人評價，而去限縮「want 自我」的控制。

「want 自我」是一種自我本位的生活方式，「must 自我」則以「別人看了會怎麼想、這是否合乎社會規範？」為標準的生活方式。我這樣解釋，各位應該很容易理解吧？

每個人都是以全新、空白的狀態誕生在這個世界，直到懂事前，任何行為的動機都只是「我想這樣做」「我想那樣做」，也就是出於「want」的授意。然而，隨著父母的教養、為了建立了社會和人際關係，另一個自我漸漸成形，它的行為是出於「不可示弱」、「必須更努力」、「必須成為了不起的人」，也就是「must」所帶來的動機。

此外，「工作上有成就或是對社會有貢獻，就能變得幸福」也是來自「must」的理念；我們毫不質疑地接受了這樣的想法，其實成功和幸福，兩者並無因果關係。此外。還有些人受到「必須得到他人認同」的「must」所束縛，而十分痛苦。

不管是「must 自我」或「want 自我」，兩者毫無疑問都是你自己，只是存在的方式不同罷了。問題是，「want」與「must」往往彼此對立，如果過著由「must」掌控的生活，就會像石原醫師一樣痛苦。

九成問題都來自與父母的關係

日本社會重視社經地位的風氣至今盛行。我聽過不少例子，最極端的就像「我如果在一個好公司工作，就能抬頭挺胸去參加同學會了。」

有這種想法的人認為，出了社會必須進入一流公司工作，否則很丟臉。他們打從年輕就下意識地相信「must 自我」的聲音，一路這樣活過來。我長年與各式各樣的人對談，深刻體會到這類型的人可真不少。

人在成長的過程中，會受到身邊的人和社會價值觀影響，其中最深遠的，就來自於父母。剛懂事時，我們的內心就像一張空白畫布，我們在有限的人際關係和小型社會中生活。小時候，父母對於孩子來說，是一種絕對的存在，因為孩子一旦被父母拋棄就無法生存。

因此，父母對社會的見解，以及來自父母的評價，會原封不動地轉印到這塊空白畫布，我們將之吸收成為自己的價值觀。俗話說江山易改，本性難移，此時植入我們身上的價值觀，往後將持續影響著我們。以電腦為例，這簡直就像安裝了一個作業系統。

只要父母給予適度的關愛，滿足我們的「want」，就算我們展現真我，也會在受到肯定的環境中愉快地長大，免於被「must」壓制的痛苦生活。問題是，如果父母的教養方式過度干預，經常對你批評責難：「你犯了太多錯誤，你就是粗心大意！」聽久了，你也會認定自己是個經常犯錯的人，你會否定「want 自我」，進而發展出「不能粗心大意」的強勢「must 自我」。

又好比說，你的父親性格怯懦，總是畏首畏尾，嘴上卻經常掛著「太軟弱會被別人欺負」這類口頭禪，那麼，你難免養成「這個社會很危險，必須虛張聲勢」的觀念。

當然了，每個人天性不同，即使以同樣的方式被養育長大，兄弟姊妹也會展現不同的個性；有些孩子性格大膽，有些膽小怕事。假如父母灌輸我們「社會很危險」的觀念，膽大的孩子會與他人抗衡，膽小的孩子則會躲起來，表現出退縮的態度。但無疑地，每個人都必然會受到父母價值觀的影響。

孩子生活的社會範圍隨著成長逐漸擴大，進入小學後，被父母影響的比重逐漸減少，而到了青春期，就開始討厭父母嘮嘮叨叨。雖說這段時期已經脫離父母親的影響，但心理上不見得是自由的，因為還得承受來自社會的約束。尤其日本社會講求「察言觀色」或「讀空氣」，很少有價值觀會鼓勵大眾依循「want 自我」來行動。

然而，有時在個人成長經歷中，「want 自我」還是能短暫擺脫父母的影響而得到救贖。我認識一位兒玉先生，他從小在父母的否定下長大，直到遇見了一位認可他的高中老師，才擁有了自信，積極接觸各種事物。但就像前文提到的電腦系統，儘管他逐漸修正對社會的看法，還是會受到父母最早賦予的原始價值觀所影響。兒玉先生試著踏出舒適圈，但每次稍有不如意，就會露出一副沒自信的表情：「唉，我果然不行啊！」

我是所謂的X世代（一九六五～一九八〇年出生者），我們這代多數人都在父母唸叨著「沒有考上好大學、沒有進入一流公司，你的人生就完了」、「沒勞動的人沒得吃，對社會沒有貢獻的人就是廢物」這些教訓中長大。

當時我的朋友也同樣接受這種教養，所以我並沒有覺得哪裡不對勁，我將父母的告誡照單全收，深知長輩和老師說這些話都是為了我好。我讓那個「無法對社會有貢獻就是個廢物」的「must」價值觀束縛了我；當我沒能在公司做出好成績，就不自覺地貶低自己。

如果希望能在上了年紀之後幸福地迎接死亡，我們要做的就是回顧過往的經歷，積極肯定「我這一生過得很好」，同時擺脫「must 自我」的箝制，停止批判或許沒有什麼成就的自己。因為，如果無法釋放「want 自我」，我們也無法感到快樂。

父母的認同

前寶塚歌劇團演員福麻睦美小姐是我的個案。

福麻小姐來找我時，肺癌已經轉移到全身。醫生告訴她，她只能再活個半年。或許是這個原因，初診時她看起來十分沮喪。

她並不期待能活得長壽，只打算安靜地死去，盡量不要造成家人和朋友的困擾，所以她只要求緩和症狀，不想積極治療。事實上，她避免與身邊的人有過多的交際往來。她在秋天得知罹癌，立刻動手清理掉自己的夏季衣物，彷彿再也用不上了。我記得很清楚，她當時說：「愈是期待就愈怕受傷害，所以我決定不抱期待。」

福麻小姐出身於小康家庭，在家排行老二，上面有一個姊姊。在福麻小姐眼裡，姊姊十分討人喜愛，親戚也非常寵愛她，福麻小姐面對姊姊總是感到自卑。

福麻小姐的父母認為要培養一技之長，就必須學習鋼琴或芭蕾等「高級」的藝術表演，未來才有前途，因此福麻小姐努力在表演藝術的領域奮鬥，希望得到父母的認同。所幸，她的努力有了回報，她突破難關跟姊姊一起進入了寶塚音樂學校，更入選寶塚歌劇團的成員。

福麻小姐喜歡舞臺劇，但對寶塚的管理方式始終無法適應，幾年後就退團，轉入了前衛劇場（地下劇場）的演出。

然而，福麻小姐的父親很不贊同她的決定。為了在父親面前爭口氣，她費盡心力擠進了當時名聲優良的四季劇團，但父親從不曾來看過她的演出。（事實上，福麻小姐一直認為唯有得到父親的認同，人生才有價值）。

後來，她離開四季劇團，繼續出演舞台劇，但她的演出存在著很大的問題，那就是她的演技缺乏自我風格。表演時，她經常被要求「表現出真實的自己」，或挨劇場導演痛批：「妳總是立刻用腦袋判斷要怎麼演，妳用太多腦子在演戲了！」福麻小姐事後回想，她發現自己總是在琢磨怎麼演才能得到專家的稱讚，而非隨著心意演出。

想要得到稱讚

罹癌後，她原打算認命地死去，但身邊的人卻鼓勵她：「小睦加油！」她真正的想法是「就讓我靜靜獨處吧」，但因為不好意思拒絕別人，忍不住先顧慮別人的好意，結果往往不自覺說出「好的，我會加油！」這種話。

在生命所剩無幾時，福麻小姐精疲力盡，內心空虛無比。

從福麻小姐的例子來看，從小就沒有人告訴她：「妳可以做自己」，她必須關注周遭的目光；學才藝不是為了展現自我，而是為了贏得父母的愛；為了被認可，加入了不喜歡的劇團；她在意「必須得到稱讚」的「must 自我」，更勝於「我想這樣做」的「want 自我」。

聽完福麻小姐的敘述，我心中掌握了大致的狀況。

我問她：「妳差不多該為自己而活了吧？」我的問題切中了福麻小姐內心隱約存在、卻無法用言語表達的心聲。她突然冒出一句：「啊，原來是這樣啊。」接著，淚水便嘩地奔湧而下。

我認為福麻小姐原本是「want」屬性強烈的人，卻一直被「must」強勢打壓。「want 自我」不斷追求自己想走舞臺劇的這條路，但「must 自我」不斷妨礙她演出真我。當她發現自己就快死了，受夠了被「must 自我」束縛的生活，於是「want 自我」才逐漸取得了優勢。

經過幾次諮商，福麻小姐變得開朗，加以抗癌藥物奏效，她得以回歸最愛的舞臺。我去看過她的演出，舞台上她以全身心展現出活著的喜悅，那種力量十分震撼。

她的肺癌仍持續惡化，她也持續接受治療，不過她說：「罹癌也沒有關係，我能在剩下的日子裡做點自己想做的事，就值得了。」想必她內心已經產生了莫大的改變。

是什麼綁住了你？

我在「心理韌性門診」中，會向患者和失親遺族提出下列要求：**請他們回想自己的成長過程，目的是提醒他們認識在與父母關係中形成的「must 自我」**。如果「must 自我」太過強勢，為了緩和它的掌控，我會特別關切這些個案與家人的關係。

【問題】

1. 你的家人（父母）是個什麼樣的人？他們是如何把你養大的？
2. 幼年時期，你是如何度過的？
3. 青春期在想些什麼？
4. 成年之後，你如何面對社會（工作、家人、朋友等）？
5. 生病之前，你認為哪些人事物最重要？
6. 生病之前，你討厭遇到什麼樣的事？
7. 除此之外的重要事項

起初，在確立「心理韌性門診」的進行方向時，我想出這七個問題作為患者的作業，我請他們寫在紙上給我。到了下次見面，我往往劈頭就問：「作業寫得如何？」得到的回答多半是「我發現自己經歷了不少事情。」那是因為，當你刻意按照順序回顧你的一生，就會發現「唯有經歷過這些或那些，才有了現在的自己」。

接下來，我根據當事人的答案進一步探詢他們的過往經歷，也得以對他們截至目前為止的人生故事產生相應的理解。

不久，當事人就會發現有個「must 自我」會強行約束自己「不可以這麼做或那麼做」，同時也發現，這個自我是在人生的某個階段才逐漸培養出來的。那麼，下一步就是採取行動，放鬆它的掌控。

簡單來說，從石原醫師的例子來看，他就是被「非得成為優秀外科醫師」的「must」所束縛，而我所做的就是反覆地提醒他：「這是為了得到母親的認同吧。既然這樣，你現在已經不需要努力了，不是嗎？」

內心孤寂的現代人

去年底過世的海野充夫先生，享壽七十。多年來，他始終與母親不和。他的父親是一名執業醫師，叔叔是東大教授，他本人也聰明絕頂，從小就不斷被母親灌輸「你要當個醫生，繼承爸爸的衣缽」的觀念。

但是，海野先生不是那種乖乖聽話的類型。國中時，他跨區去就讀當地著名的中學；上學途中臨時想看電影，毫不猶豫就直接蹺課了。上了高中，他為了反抗父母而故意荒廢學業，經常跑麻將館，次數多到上了社會新聞。最後，他被迫出席畢業典禮，才逃過了被退學的命運。我聽他在描述這段荒唐行徑時，忍不住放聲大笑。

他後來雖然沒有成為醫生，不過他原本就是極為優秀的人，他在一家科技公司擔任老板的副手。他是公司裡最懂技術的人，負責構思企劃案，對眾人下達指令。但每天的工作中，只要企劃案過關，他就會蹺班去賭馬或賽車，這就是他的工作態度。

他待人親切，照顧下屬，深受眾人喜愛。不料沒多久，公司的老板竟然決定賣掉這家公司。海野先生為瀕臨失業的百位員工重新找到了工作，確保他們的生計，然後就退休了。過了幾年，他發現自己罹患了肺癌。

發現罹癌時已是晚期，他想：「會得到癌症，表示我做過很不好的事吧。親近的人一個個都離開了，我該怎麼活下去？」心情抑鬱的他求助無門，於是在妻子的陪同下，找我進行心理諮商。

海野先生承認自己很害怕。他來門診時，我問他：「你要不要嘗試找出恐懼的原因？」海野先生一臉無所謂的回答：「我不在乎原因。」

諮商時，我請他回顧過往的人生，我發現，他很早就封閉了自己內心，很長一段時間以來，都不願敞開心扉與人建立關係。

另一方面，他不斷自責：「我沒有做到母親的期待。罹患失智症的母親曾對我說：『充夫是個壞孩子』。」此外，他得知原本念文組的哥哥代替了他滿足了母親的期待，最終成為了一名醫生。這讓他十分過意不去。

換句話說，海野先生看似活得灑脫，其實他直到七十歲仍受到「must自我」的束縛，認為應該滿足母親的期待成為一名醫生，人生才算成功。

我告訴他：「你稍微原諒自己，就能放鬆了。」

我聽說他喜歡賭馬，還親自開發過賭馬程式，便靈機一動，以賽馬為例來引導他：「賽馬最經典的就是兩千四百公尺的草地賽道，對吧？個性溫和的常勝馬固然好，但個性不穩定、快跑時失控，狀態差就無法參賽的馬，對我來說反而更有魅力。有些馬在草地上表現得不好，但跑硬地、障礙賽又莫名地優秀。正因為有各種個性的馬，賽馬才顯得那麼有趣，不是嗎？海野先生的人生也是那種有個性的人生吧？」

這句話似乎說進了他心坎裡。此後，海野先生明顯改變了。在人生的最後階段，他終於願意肯定自己的人生。起初我問他，人生中最重要的關係是什麼，他回答：「同事、朋友、家人」，後來，他認為最重要的變成了「家人」。

出院時，他告訴妻子：「過去我對不起妳，今後我會好好珍惜家人。」可惜，不久他的病情急轉直下，在妻子的懷中離世。

肯定真我

第二章提過，經歷癌症的人會產生「創傷後成長」的變化，一個人的想法會出現五種轉變（新的人生觀），其中第二種是「展現人類的韌性」，亦即**能夠接納真實自我，產生「我有缺點，但我喜歡自己」的想法**，一如海野先生在人生最後階段也終於肯定了自己。

這裡，我想介紹另一個個案的故事：在弟弟過世後，發現自己罹癌的松田義彥先生。

松田先生上過大學。不過當時全球的金融環境都遭遇了泡沫經濟，不幸讓他父親辛苦經營的公司也倒閉了。松田先生勉強從大學畢業，弟弟卻因此念完高中之後就沒能上大學，留在當地企業就職。弟弟在工作上經歷了各種挫折，最後在松田先生三十六歲時自殺身亡。

松田先生責任感很強，除了對弟弟的自殺感到悲傷，更懊悔沒能盡力幫助弟弟。此外，只有自己能念大學，也使得他對弟弟感到愧疚。此後，他彷彿懲罰自己般，放棄了自己的夢想，轉而照顧因弟弟自殺而情緒低落的父母。

松田先生四十三歲那年，得知自己罹患了大腸癌。他說：「這下子，本來不知人間疾苦的我，終於明白弟弟的感受了。」不知怎的，他似乎鬆了一口氣。「只有自己過得好」始終帶給他很深的罪惡感；因此生了病，反而可以抵銷心裡的愧疚。

在發現罹癌時，他體內的癌細胞已經擴散，病情堪稱嚴重。當他意識到自己將死，他重新開始思考：「我的人生到底算什麼？」

我與松田先生談了許久，我問他：「松田先生，你以自己的方式努力向上，你也經歷了令人心酸的奮鬥才考上大學，腳踏實地的生活。你弟弟自殺，固然令人哀傷，但起因不是你，而是有其他的原因。你已經充分、甚至可說是過度懲罰自己，也該是時候原諒自己了吧？」

松田先生體內存在著另一個不斷否定自己的人格，認為「只有自己過得好，是不應該的」，等他發現連生命的最終都在否定自己，實在是太痛苦了，才來找我看診。

諮商過程中，他漸漸懂得肯定自己，願意接受周遭的善意，也想幫助與自己同樣處於困境的人。

松田先生有個年幼的孩子。在他忙於治療的期間，妻子為了照顧他心力交瘁，身邊有個朋友主動提出願意陪伴這個寂寞的孩子。松田先生聽那人說：「真的深陷於困擾的人，往往不會主動說出口。」他想：「這就是我的寫照。真的有人懂我。」於是，他開始參與志工活動，找回了積極活下去的力量。

在困境中感受到他人的關愛，讓他覺得溫暖無比，他說：「我今後決定帶著許多的愛與身邊的人相處，我想真心誠意去面對所有的事情。」

他還說：「回頭看看，我才發現自己被過去的偏執與罪惡感所束縛，視野變得很狹隘。現在我不再責怪自己了，我要懷抱著對眾人的愛活下去。」

迷失的自我

前文介紹了許多癌症患者的例子，他們鬆開「must」的掌控，找到了做自己的方式。或許你會以為，那些患者之所以能「豁出去」，只是因為他們明確知道自己將不久於人世罷了。如果他們還能活上個幾十年，想必沒法那麼大膽。

因此，我接下來要談談，我自己是如何跨越了中年危機。

直到不久前，我也一樣過著受到「must」束縛的生活。這種生活方式通常是受到父母的期待，以及成長過程中社會價值觀的影響。

我的父母費心拉拔我長大，毫無保留地愛我，教導我知識，培養我的上進心。只不過，當時一般認為「孩子不可以嬌養」，他們比起重視「孩子想要什麼」，我父母的思維更偏向符合社會要求的價值觀，因此對我諸多干涉，結果就是讓我體內的「want 自我」噤聲，而「must 自我」開始建立起來。

小的時候，我認為父親很偉大，只要有他在，全家人就會感到安心。同時，父親也是我敬畏的對象。他總是告誡我：「要做對社會有貢獻的工作，這是人生要務。」我很長一段時間都牢記在心。

當時的社會充滿了威權體制、升學戰爭和校園暴力，比現代更頻繁地壓抑每個人的「want 自我」。我記得當時的國中生手冊詳細規定了髮型、隨身物品、襪子顏色和裙子長度。如同學生手冊所象徵的，當時的整個社會環境，從思考模式到穿著等細節，都強烈展現出不尊重個人特色，只求整齊劃一的管理。

升學競爭下，光是「偏差值」這項指標就足以困住孩子自由的天性，必須拿高分的「must 自我」也打壓了「want 自我」。如果一個孩子天生感性充沛，難免容易沉浸在令人愉悅的事物中，比方說音樂或大自然風景；但此時，他們多半會被長輩以「做那種沒用的事會餓死」等理由禁止。

我的情況也是這樣，考了高分就被稱讚，考不好就挨罵，於是我心中產生了「不拿好成績就不會被認同」這種不言自明的觀念，我開始為了得到認同而封印那些我想做的事。

另外，我在小學四年級因為搬家而轉學，我無法適應新環境，也常遭到霸凌。因此我害怕接觸人，缺乏自信，成為一個畏畏縮縮的孩子。

就這樣，儘管生活中有各種限制，但內向的我沒有勇氣反抗，只好接受現狀把「want 自我」鎖在心底，讓它失去聲音。

另一方面，「must 自我」開始出於社會規範和同儕的影響，推動我前進的方向。我根據父母和權威價值觀是否認同，來判斷有沒有走對路。我的情緒總是受到旁人影響而起伏，每天過得很空虛，感覺自己在偽裝。我漸漸不知道自己是誰，更生出「人為什麼而活」的困惑。

在這種情況下，等上了高中要選擇升學方向時，我開始遭遇困難。當時不得已做出的下下策，就是去讀醫學院，成為一名精神科醫師。我並不了解精神科醫師的工作，總之就是幫助有困擾的人。我想，這或許就是父親所謂對社會有貢獻的工作吧。我覺得成為一名精神科醫生，就能找到「人為什麼而活」的答案。

「找到自己的路」的錯覺

大學時代，我摸索著找尋自我，趁著放暑假，我背起行囊到世界各地旅行。當時的大學沒有嚴格要求出席率，我常因為社團活動、打工、出遊而徹夜未歸。但這種隨興的生活態度也只限於出社會前，我心中仍謹記著：成為醫生後就必須努力工作，對社會做出偉大的貢獻。

青春期是擺脫父母掌控，尋求自我認同的時期。有時我們會為了反抗父母，而做出與他們期望背道而馳的事，但這些行為終究還是因為意識到父母的想法而產生，所以也代表了父母對我們的影響力，並非真正意義上獲得自由。

再者，就算少了父母的掌控，這段時期的孩子不懂人情世故，沒有能力開闢自己的道路，多半是遇到哪個嚮往或尊敬的對象，就把對方當成範本，模仿對方的路去走。

以我來說，我大學畢業後成為一名實習醫師和專科醫師，當時明顯感覺到自己正不斷的成長，也因為能夠藉由所學幫助那些受苦的人，我認為自己正逐漸接近「從事對社會有貢獻的偉大工作」的目標。

成為醫生的第五年，我有幸去聽了一場在「國立癌症中心」工作的醫師演講。那位醫師精闢地分析個案，從他的演說中，我看出他具有堅定的意志，希望從科學角度解決癌症患者的苦惱。

那位醫師說：「我日以繼夜不斷努力，就是為了分擔癌症患者與家屬所遭受的痛苦。」聽完演說，我眼眶發熱，感受到一種久違的感動——

是的，我找到父親所謂「對社會有貢獻的工作」了！我的目標就是這個！——我下定決心要以那位醫師作為努力的模範。

「國立癌症中心」是日本針對國人死因第一名的癌症，進行最先進臨床研究的機構，其地位在當時的我眼中可謂高不可攀。我認為在那裡服務的醫師都是人中龍鳳，我努力想成為其中的一員。

但是，某種意義上，這正是我開頭提過的第二種幻想：「在社會上成功，就能幸福！」因此，這個幻想總有一天會幻滅。

中年期危機

接下來好長一段時間，我努力遵循滅私奉公的原則。偶爾，我也想悠哉享受一點個人的閒暇時光，但前輩叮囑我：「癌症病患可沒有週休二日啊，所以我們醫生也沒空休息。」我總是工作到很晚，週末也理所當然地加班，我深信這是正確的生活態度。

起初我只是個實習醫師，還能以這種態度全力以赴，但等到我加入國立癌症中心的第四年，成為團隊領導，同時必須照顧後輩和下屬，我發現我的工作量超出了負荷。

當時我既不懂管理，也不諳人情世故，突然站在眾人之上，讓我感覺非常痛苦，也讓下屬無所適從。不過最大的問題還是：我認為滅私奉公是理所當然的生活態度，也要求下屬這麼做。我無法理解為什麼有人做不到這一點，同時，我也認為自己是個很差勁的上司。

再加上成為主管之後，我開始覺得原本看似高不可攀的癌症中心，也沒那麼了不起。各位別誤會我的意思，國立癌症中心毫無疑問是日本數一數二的優秀機構，研究成果不勝枚舉。可是我認為，不管是多麼優秀的研究機構，都無法只憑著理想經營下去。

這裡的研究人員都有自己想要研究的目標，但如果不符合政策方向，就很難取得經費，同時也必須考慮利潤。而政府方針並不嚴謹，它會隨著政權輪替而有截然不同的要求。

五年前，我的上司告訴我：「你就待在這裡好好幹一輩子吧！」但是不知從何時開始，我已不再擁有熱情，只站在滅私奉公的立場追隨組織的要求，我漸漸心生迷惘：「我能夠做點什麼有意義的事？」

到職不久，我開始跟那些彷彿大神般令我崇拜的癌症中心醫師頻繁的互動，我發現他們也不過是一些普通人，也擁有許多煩惱。不少人特別在意組織的評價，掙扎著想做出成果。當然也有人在組織中混得如魚得水，但更多人是咬牙苦撐，熬到退休或燃燒殆盡。

愈是了解自己及他人的情況，就愈清楚滅私奉公到最後等待自己的，並非一個光明的未來。

當然了，假如你有堅定的信念，並願意為了實現目標一直待在組織裡工作，那沒問題；但像我這種單純以為「只要成為組織的一員，埋頭苦幹，未來就能幸福」，總有一天會瀕臨極限。

以我來說，我的痛苦是因為別人要求我做的事已經超出了我的能力範圍，而且那些事情並非是我真心想做的，所以年過四十之後，我不僅體力衰退，心理上也很難全情投入。這種反應就是瀕臨極限了。

另一個「幻滅」的起因，是父母的衰老。過去在我眼中態度強硬的父親，如今我不再需要畏懼他了。我父親在七十歲退出了第一線工作，從此過著平淡安穩的生活。看到這樣的父親，我漸漸理解「成功適應社會就能幸福」的觀念，並非絕對正確。

事業成功不等於幸福

面對中年危機，過去引導我不斷往前的指南全數失效，我領悟到自己的能力與努力有其極限，即使勉力回應周遭要求，企圖適應社會，也無法感到幸福。我信仰的真理逐漸崩塌，最後彷彿孤零零地站在空無一物的荒野。

然而值得慶幸的是，我沒有因此絕望，沒有覺得自己走到了盡頭，反而認為「只是哪裡弄錯了」、「一定還有其他的路可走」。我為什麼會這麼想？那是因為我每天診治的病患們提示了我前進的方向。

我在癌症中心服務沒多久，就遇上了一場永生難忘的邂逅。一位年輕患者比當時二十幾歲的我小了好幾歲，他罹患了口腔癌，但手術之後，病情又迅速復發。他深受打擊：「我分明沒幹壞事，為什麼有這種下場？」他覺得人生不公，十分憤怒。

後來，他口腔內的腫瘤愈來愈大，導致無法進食。他的主治醫師對我說，他年紀輕輕就遭遇嚴重的病痛，心裡一定很難受，請我去開導他。於是，我開始為他進行心理諮商。

看了他的病歷之後，我默默揣測他的心境：假如是我面臨同樣的處境，我絕對無法忍受吧？對於這樣的他，我應該說些什麼？我能做些什麼？我一邊想，一邊不安地走向他。

然而會面時，他的情緒非常正向，他微笑對我說：「醫生，謝謝你願意見我。」他也經常對家人和護理師表達感謝。當時，他只能用滴管喝果汁，但他總是面帶笑容說好喝，還愉快表示自己剛讀完了喜歡的小說。

當時的我無法理解他為什麼能這麼平靜，而且每天不忘展露笑顏，顧及身邊人的感受。即使他被奪走的不僅僅是地位和金錢，還包括吃飯的自由，他仍舊親自示範給我看——在某個地方，仍然有通往幸福的道路。

後來不只是他，許多患者的例子都教會了我——「只要能適應社會就能幸福」這種「must 自我」所說的話，未必真實。最後，我找到一條從「must 自我」拯救「want 自我」的道路。

中年危機是人生的轉機

我要重申，中年危機如字面所示，是一場「危機」，但也可以看作一個重新凝視自我的機會。「人能不斷成長進步」以及「適應社會就能幸福」的幻想一旦破滅，就會帶來危機。

換句話說，現在正面臨危機的你已經覺醒，睜眼認清了現實。儘管需要勇氣，但你不能緊抓著這些幻想，而必須對新的價值觀敞開心扉。最糟的情況是，你無視內心浮現的質疑與空虛，放不下「我必須更努力才行」的執念。

尤其是像前文提到的個案，「must 自我」受到父母或周遭人的影響而顯得非常強勢時，你很難輕易擺脫它們重獲自由。但是，持續緊抓著幻想只會讓情況更加惡化，甚至罹患精神疾病。

每一次反抗一點

曾經有一位深受嚴厲母親影響的患者，前來找我諮商。

這位個案是竹田智美小姐，聽說她小時候個性開朗活潑，但只要在外面待得晚一點，母親就會帶著恐怖的表情強行將她帶回家，怒斥：「妳要玩到什麼時候？」而且只要她一反抗，後果就是直到父親下班前，都無法進家門。為了不被鄰居發現自己又被關在門外，她經常在住家附近閒晃。

竹田小姐服務的公司裡，員工管理嚴格，竹田小姐經常被要求下班時間出席一些不太重要的會議。很多次，她因為會議太無聊而忍不住打了瞌睡，為了不被責罵，只好一直咬著口香糖保持清醒。

聽到她這麼說，我心想：「開會真的那麼無聊，直接不去不就好了？」但違反組織規定可不是小事，竹田小姐也不希望在職場引發衝突。再加上每次被上司責備，她就會想起母親的斥責：「妳到底在搞什麼鬼？」於是，必須守規矩的「must 自我」就會佔上風。

我發現竹田小姐受到母親嚴厲的價值觀所束縛，所以建議她：「我們試試遲來的叛逆吧。」

竹田小姐居住的社區，鄰里關係緊密。她當時留職停薪，跑來找我看診。不過只要她一待在家裡，鄰居就會忍不住關切：「妳今天怎麼沒去上班，休假嗎？」被這麼問時，她總是壓力很大。

因此，我半開玩笑地對她說：「妳要不要去有很多外國人出沒的六本木，徹夜不歸玩到天亮？或者，熱鬧的淺草也不錯。頭髮試試染成金色？」竹田小姐笑答：「我做不出那種事，不過聽起來很有趣。」

有一次看診，竹田小姐向我報告：「我聽從醫生您的建議去了一趟淺草。我想試試以前沒做過的事，所以挑戰了鋼管舞，真的很好玩！」我一問之下，才知道最近有愈來愈多女性迷上了鋼管舞，這種性感與美麗交織的表演充滿了魅力。竹田小姐一開始似乎對自己的行為感到心虛，好像在忤逆母親的教訓，但付諸行動後，她感到前所未有的快樂與滿足。

我自己第一次違抗「must」的意見，是拒絕以往必然奉陪到底的工作聚餐，而去做真正想做的事——去看一場當時很吸引我、描寫塔莎・杜朵（Tasha Tudor）人生的電影。

杜朵是美國的繪本插畫家，也是園藝家兼布偶藝術家，她的創作展現了美國人的心靈，經常被引用在耶誕賀卡上。杜朵五十五歲移居到鄉下小鎮，一個人過著自給自足的生活，直到過世。她隨心所欲的生活方式不僅在美國、也在日本引發討論，還有一大群熱情支持的粉絲。

電影中，杜朵在大自然中的生活就像渡假般美好。電影結束後，我激動不已，內心也變得暖洋洋的。當晚睡覺時，我心中有個角落覺得很滿足，更加確定違抗「must 自我」是個正確的方向。從此，我產生了自信，開始敢於大膽反抗各種自我框架。

就像這樣，一點一滴完成被「must」束縛所不能做的事，找到滿足「want 自我」的瞬間，就會產生「原來我可以這麼做」的信心。

移除 must 的方法

以電腦來打比方，無法擺脫「must」詛咒的人，腦袋裡就像會彈出許多行動管理的對話框。這些人只要一休假，就會彈出「必須好好工作！」

的對話框；就算努力工作了，也會彈出「工作態度可以這麼敷衍嗎？」或「喂，邀約不好好回應就是不誠懇吧」等吵得要命的對話框。

我從前也是這樣，就像腦子裡安裝了一個難搞的軟體。

即使內心擁有明確的意圖，腦中也會冒出「must」對話框，搞得你坐立不安，同時阻礙了心靈休息的機會。因為這些老是彈出對話框的軟體會佔用電腦很多運算效能，等到真正有需要，這部電腦根本無法發揮原本的運算速度。所以，最好移除這類軟體。那麼，怎麼做才能把這個麻煩軟體給移除？

第一步是仔細區分內心的「must」與「want」。我們腦中「想要如此」的「want 自我」與「必須如此」的「must 自我」往往相互混淆，讓我們誤以為兩者都是自己的決定。所以，**我們必須分別為它們貼上標籤、分辨不同的聲音，才算踏出成功的第一步**。

我們要移除的是會跳出「must」對話框、告訴你「必須如此」的軟體，只要「must」的聲音一出現，就要視為異物，認清「這並非我真正的心聲」、「有可疑軟體混入」。如此這般反覆練習，漸漸就能夠擁有對話框的主控權。

不過，這種練習並非一蹴可及，而且，也不是所有「must」的聲音都必須否定掉，所以我建議你不妨慢慢來。

解放感性

到底怎麼做，才能認清「must 自我」？接下來，我要跟各位分享一些小訣竅，關於如何傾聽「want」的聲音，活出真我。

我也曾受到「must」的強力束縛，為了擺脫詛咒而吃了好一番苦頭，多方嘗試且屢戰屢敗。儘管對我有用的方法不一定適用於各位，但如果能成為一些參考，將是我的榮幸。

有段時期，我拒絕不了別人請託我的事，總是勉強自己接受。當時我每天的生活就快要溺斃在過載的工作苦海，我的工作效率明顯降低了，卻不斷把自己逼到死角，變成一種惡性循環。

回顧過去，我甚至不明白當時為什麼要那樣做。不過，當時的我聽到一個強烈的聲音：「不可以拒絕」、「無法回應期待，就會失去別人的信賴」，但我自己「想休息」、「受不了了」的聲音卻被噤聲。

例如，當我受邀某個不想去的聚餐，或是猶豫著要不要接下不想做的工作，另一個自我總是冒出來提醒：「如果你拒絕，別人會不喜歡你哦。」好不容易完成工作，那個聲音還要繼續嘮叨：「要做得完美一點，否則會讓人看不起的。」我想對當時的自己說，像這樣老是聽從「must 自我」而犧牲「want 自我」，勢必會承受莫大的痛苦。

當然，徹底拒絕不想做的事情並不容易，但勉強接下不想做的工作，次數一多，你一定會覺得人生乏味，從根柢上喪失了生命能量，甚至導致憂鬱症的風險。

那場聚餐值得你這樣犧牲嗎？那件工作你非接受不可嗎？在毫無條

件聽從「must」聲音之前，最好仔細想想。然後，你不妨慢慢學著反抗「must」的聲音，謹慎行事，試著從最小的事情開始拒絕起。

從小處傾聽

我就是**從最微不足道的地方開始練習傾聽「want」的需求**。舉例來說，我平日的午餐多半在便利商店隨意打發。過去我總想著「烏龍麵可以迅速吃完」、「豬排飯熱量很高」，藉此判斷要吃什麼。然而，一旦遠離這些考量，好整以暇地看著貨架，只專注在「我想吃什麼」這個問題，手自動就會伸向想吃的東西。無關合理與否，只選擇自己想吃的東西，或多或少就能讓心靈感到快樂。

此外，像去租片子時，我不特別預設要租哪一部片子來看，就只是隨意瀏覽，租下讓我覺得心動的片子；又好比說，在書店閒逛，隨意買下自己看得上眼的書，就算空手而歸也無所謂，重點是隨心所欲。不限制目的和時間，主動傾聽「want」的聲音，看內心對哪些事物感到雀躍不已，這點很重要。

我恢復成人類了

就這樣，我勤懇踏實地練習傾聽「want」的聲音，把「must」的聲音視為雜音，大膽忤逆它，結果事情馬上出現了有趣的變化。那是一個我突然發現世界閃閃發亮的瞬間。

前不久，我跑到輕井澤的森林浴場享受當地的露天溫泉。我下半身泡在溫熱的泉水裡，上半身感受著冰冷的空氣，十分舒暢。抬頭，從高聳的針葉林間看出去晴空萬里，我不由得大口深呼吸，在吸飽空氣的當下，我打從心底感受到「啊，我真實的活著！」

之後，我在步道上漫步，一時間沉迷於山裡繽紛的紅葉美景，不覺淚水盈眶。

其實，五年前我也到過同一處露天溫泉，但當時滿腦子只想著「回去以後還要開會」、「手上的工作還沒完成」，四周的景物完全看不進眼裡，也無法享受大自然的美好——這就是受到「must」束縛，無法感受「此刻活著」的狀態。

反觀這次我在輕井澤的經歷，第一次覺得紅葉真美，同時有一種「我恢復成人類了」的感覺，眼淚不可自抑地湧出。

我之所以覺得自己「**恢復成人類**」，是因為發現自己看到紅葉居然也會被觸動，原來我不是冷酷的人類，原來，我也**擁有一顆能夠感受美好事物的心靈**。

過去的我習慣扼殺感受，拒絕表露情感。偶爾看到病患哭泣，內心也感到一陣漠然，以至於經常覺得自己還真是冷漠。所以，當我能夠感受到紅葉的美，旋即發現原來自己也有顆溫暖的心，就忍不住喜極而泣。

我身上之所以出現這種變化，唯一的答案，就是我告別了受到「must」束縛的自己，懂得跟隨「want」而活的緣故。被「must」束縛時，我曾經好奇真正的自己究竟是什麼樣子的，但直到救出了「want 自我」，我才成為了真正的自己。

第4章

活出真我

——自我肯定的人生

原諒自己，就能原諒別人

前文說明了中年危機的成因，以及擺脫危機必須放下的兩大幻想，並提到解放被「must」束縛的自己，跟隨「want」而活的重要性。

你或許好奇，擺脫「must」之後，我們會不會變成一個自私自利的人？會不會變成邋遢懶惰的人？我認為那種事情不會發生。因為唯有跟隨「want自我」，才能夠在真正的意義上去愛一個人。

我之前分享了外科醫師石原的故事。他為了滿足母親的期待，成為了一名外科醫師，並要求自己站上行業的頂峰，從不推拒週末加班。但做這些事的同時，石原醫師內心在哀鳴，並暗地累積了不少情緒。他將這股憤怒發洩在其他活得輕鬆的年輕後進身上，以嚴厲的態度對待他們；石原醫師的這種心情，可以說是一種嫉妒。

不過，就在石原醫師原諒自己的不完美之後，似乎也能夠原諒那些後輩，最終放軟了態度。過去，他把注意力擺在當個「完美的外科醫師」

這個目標，但原諒自己之後，他反而能夠真心地關切前來求醫的患者。此外，「must 自我」消失，他也不再要求後輩同事要跟他一樣表現得完美。

以我自身的經驗，我也覺得現在的自己，比起之前認為「必須對社會有所貢獻」的自己，來得更加踏實穩重了。過去的我務求滿足周遭的期望，否則就責怪自己沒用，現在我原諒了那個不夠理想的自己，如此一來，我也學會了包容別人。

我接受每個人都存在缺點，甚至覺得，人們不完美的模樣非常可愛。

當然，如果有人企圖傷害你或你身邊重要的人，你可能很難原諒對方。不過如果放到以前，別人傷害我，我會告誡自己：「不可以生氣，必須冷靜下來。」因為我無法坦然地表露情緒，現在我學會要適度地發洩出來，才能避免憤怒的情緒變得複雜化，生活也才能繼續往前走。

扔掉束縛

榮格以「**自我實現**」或「**個體化**」來形容人在面對中年危機之後的道路。意思是指，讓過去受「must」打壓的「want」獲得自由，找回小時候天真無邪的自己，邂逅長大後在適應社會的過程中所遺忘的自己。

甚至在解放「want 自我」的過程中，你還能遇見過去所不認識、意想不到的自己。就像石原醫師和我，當我們踏上自我實現的道路，便不再以「必須當個好人」來自我約束，而是認同了真實的自我。

本書開頭的篇章介紹了千賀先生的個案，他長年以「強大父親」的形象建立家庭關係，很難意識到自己也有愛撒嬌又怕寂寞的一面。的確，每個表現得成熟理智的人，也多半有如同少年一般、天真無邪的一面。

認識自己的各種面貌，能夠擴大身為一個「人」的廣度，包括正確且堅強的自己，也包括懦弱無能、經常犯錯的自己。誠如相田三雄的詩：「絆倒又有什麼關係？畢竟我們是人啊！」當你能包容他人的各種存在，懂得善待他人，那麼，他人也會樂於善待我們。

那麼，怎麼做才能夠遇見原本遺忘、或不認識的自己？進入中年期，已經不會再產生年輕時所嚮往、「我要活得像這個人一樣」的典範或尊敬對象。這時，我們很清楚自己就是自己，就算模仿他人用同樣的方式過活，也無法獲得幸福。

如果中年危機之後的道路，就是去遇見不認識的自己，那麼在某些意義上來說，或許就像乘船進入一片望不到盡頭的大海。

這段旅程該怎麼走？在文學和哲學作品中當然有不少提示。講到這裡，我們不妨回到癌症患者的身上，他們因為強烈意識到人生有限而開始追求豐富的心靈，用這些例子來取得靈感吧。

人生重新排序

第二章提到，中年危機的前方是個什麼樣的世界？在心理學領域的創傷後成長的研究中，說明了人在經歷心理創傷之後，會出現的五種變化。前文也提到，我們必須放棄「人能不斷成長進步」的幻想，以及深刻意識到死亡、意識到生命有限，才懂得珍惜每一天。

接著，第三章提到要放棄「成功適應社會就能獲得幸福」的幻想，活出真我，就是五種變化的第二種——「展現人類的韌性」。

我們會注意到自己能活過今天，並非一件理所當然的事，進而湧現感恩的念頭，並開始思考真正重要的是什麼，排出優先順序，探索生命的意義。這就是五種思維變化中的第三種——「全新觀點」。

這裡，我要分享另一個因罹癌而改變人生觀的個案。

患者名為渡邊弘道，他生病前在食品公司工作，他的人生態度一向是工作第一。罹癌之後，他來看我的門診，我請他在過往經歷的表單上寫下自己的故事。我問他：「生病之後有什麼（正向的）發現？」

他回答：「我因此強烈意識到人生是有期限的。」他說，「我或許會病死，也可能遇上意外或天災而結束生命，所以我很珍惜每一天。我盡可能讓自己活得好一點，絕不忍氣吞聲。」

事實上，自從他生病後，只要一有「我想吃鰻魚飯」的念頭，就立刻跑到餐廳大快朵頤，而不是明天去吃或改天去吃；想看歌舞伎表演，也是立刻動身，他變成一個想到什麼就立刻實踐的行動派。

若是在以前，嘴裡老是嚷著想看歌舞伎，心裡卻猶豫：「我連去哪裡買票都不知道」、「看表演必須穿著正式吧？這太麻煩了」，如此這般為自己找到諸多藉口，最後打消了念頭。但現在，他只要一想到時日無多，自然而然告訴自己：沒時間拖延了，我應該立刻行動。

實際看過歌舞伎表演，他才發現劇場裡有很多人都會熱情地討論去哪裡買票才划算；而且就算穿得很休閒來看表演，也沒有關係。

渡邊先生原本並非個性積極的人，卻因為生病而變成一個行動派。他體悟到「自己先採取積極的行動，別人反而會體貼地接納我」，瓦解了原本認為社會很封閉、人際之間很冷漠的觀念。他發現只要主動踏出一步，就有人願意幫助自己。

此外，他開始覺得過去認為重要的事情根本微不足道。比方說，工作上遇到煩惱，以前的他總是徹夜難眠。他現在會想：或許我沒多少時間好活了，這種不順遂只是短暫的困擾，實在沒什麼大不了的。

與其擔心未來，不如把握當下。他興奮地對我說，「最近有心儀的美術展就要開展了，我得把握機會在展出期間去參觀，否則錯過就看不到了。馬上行動，是我此刻唯一能做的事。」

總之，他看待事物的方式徹底改變了，他擺脫了「must」的束縛，找回了「want」的自我。

渡邊先生還說：「得到癌症之後的認知轉變，讓我彷彿重獲新生。雖然我從不覺得生病是一件好事，但確實體悟良多。」他感受到自己真實的活著，留意到與家人關係的重要性，也透過生病認識了同伴，更期待能學到新鮮的事物。

懂得去愛

思索「如何度過寶貴時光」這個問題時，多數人認為最重要的是什麼？答案是——**與重要的人相處的時光**，也就是五種思維變化中的第四種「改變與他人的關係」。

我認為**進入人生後半段，如果能夠過著愛人與被愛**——換言之，就是充滿愛——**的人生，就能感受到幸福**。相反地，即使再有錢、擁有優越的社會地位，我也無法忍受沒有愛的孤獨人生。

接下來，我要分享前文提過二十七歲胃癌患者岡田拓也先生後來的情況。一開始，岡田先生對自己年紀輕輕就失去健康感到憤怒不已，悲傷過後，他開始思考如何度過目前僅剩的生命時光。

剛得知罹癌，他經常將無處發洩的怒火轉移到父母的身上。住院治療時，岡田先生毫無食慾。他聽到母親苦口婆心地叮囑：「多少吃一點比較好吧？」就覺得煩躁不已。他不耐煩地回道：「我也知道非吃不可啊，但是我吃不下！妳又知道我是什麼狀況了？妳回去啦！」

不過，當他看到母親說完「拓也，對不起」，噙著眼淚離開病房的黯然背影，岡田先生的怒火迅速平息了。他為遷怒母親感到愧疚，更感到不捨。他向母親道歉：「是我不好，真的對不起。」

後來，岡田先生短暫出院過一陣子，最後在安寧病房過世。出院期間，他把小時候的相簿翻出來，沉浸於令他懷念的兒時回憶，他感覺每張照片都證明了父母對他毋庸置疑的愛。

最後一次看診，他平靜地說了這段話：

「最重要的是，我想好好對養育我的父母表達感謝。我離開之後，最難過的一定是媽媽，在那一刻到來之前，我想多創造一些美好回憶，畢竟我是個愛鬧脾氣的不孝子。雖然無法為他們做點什麼，但我想陪媽媽回到闊別已久的北海道娘家看看。」接著，岡田先生向父母道謝：「我很遺憾這麼年輕就必須死去，但我過得很幸福，謝謝你們這些年的養育與照顧。」

另一個個案，羽田和江小姐因為腎癌復發來看我的門診。這位羽田小姐從事藝術工作，打扮得很時髦，而且情感豐沛，可是她對自己的評價卻很低。為什麼呢？我和往常一樣請羽田小姐寫下過往的人生經歷，試圖找出原因。

羽田小姐出生在三重縣，有一個大她三歲的哥哥，十分受到家人疼愛。羽田小姐從小就感覺父母對哥哥抱有很大的期待。她下面還有一個小她十一歲的弟弟；因為是父母老來得子，所以羽田小姐也強烈感受到父母給弟弟的寵愛。成長過程中，羽田小姐盡心盡力地照顧這個小了自己快一輪的弟弟。

羽田小姐知道父母當然也是疼愛自己的，只是相較於哥哥和弟弟，她得到的愛並不多。她認為父母對待她的態度是「隨便養養就好」。但是，她告訴自己，「夾在中間的老二就是這樣」，她沒有特別不滿。

她是這樣告訴我的。她似乎沒有察覺她正在壓抑心中「想要被愛」的情緒，內心深處藏著一股濃厚的失望。

羽田小姐在成長過程中，始終認為自己是三兄妹之中「多餘的那一個」，卻因為罹癌，而在心境上產生很大的變化。

原來罹癌之後，同輩朋友帶給她的慰藉，不管溫柔還是嚴厲，她都能感受他們全心全意的鼓勵。只要檢查結果不太好，所有人都真心為她感到擔憂。她從沒想到能獲得這麼多曾經求而不得的「被愛體驗」，於是，她很愧疚沒有盡力找回活下去的力量，她想回應身邊人的溫暖。

羽田小姐說：

「當死亡靠近時，我才重新意識到人生是有限的。我發現自己內心充斥著一股強烈的情緒，想盡量去做所有想要做的事，不再拖延。而且，我明白自己不可能獨自活著。我發現擔心我的人比我想像中還要多，我真心覺得感謝，我再次感受到原來我活在一個這麼溫暖的世界。『有人在擔心我』這種事，竟然成為我活下去的動力。」

羽田小姐又說：

「我不希望自己遲鈍到感受不到他人的痛苦；即使那些跟我八竿子打不著的人，我也不希望冷漠以待，或者裝作不認識。在我生病的時候，關心我的不只我的朋友，還有他們的家人。人際關係就是這樣延伸的，即使彼此不認識，也可能在某處產生關聯。好比說，此刻在離日本很遠的地方發生的天災人禍，我也無法置身事外。」

類似的論調，我聽其他的許多癌症患者分享過很多次。我想，**親身體驗過痛苦，多半會使人懂得體諒他人的痛苦，不再視他人為「陌生人」**吧。就像羽田小姐聽聞有人在地震海嘯中受災嚴重，她也感同身受，同感悲傷。心境出現這種變化，我認為正是自身受創後，對他人的同理心增強的結果。

乳癌日記

接下來，我要分享乳癌患者山崎榮子的故事。

山崎小姐四十三歲，單身，在美容業服務。外表亮麗的她十分愛漂亮，而且她的性格犀利，暴躁易怒。我一開始覺得她是個棘手的病人，但隨著談話次數的增加，我漸漸感受到山崎小姐心底深處的孤獨與溫柔。

我問山崎小姐：「對妳來說，乳房是什麼？」她的回答並不是類似「女性象徵」這種簡單的答案，她反而做出「對你來說，你是什麼？」這種帶有內涵的深度回應。

我鼓勵她將罹癌之後決定動手術，以及後續的心路歷程都記錄下來。

得知罹患乳癌的瞬間，「我不要動手術」的念頭立刻浮上腦海。醫生表示癌細胞已經擴散，所以手術前半年，必須先以抗癌藥物治療。聽到不用馬上動手術，我慶幸不已。

進行手術前，醫生給我看全乳房切除後的狀態，那些肋骨上只剩皮膚的照片，讓我感受到一陣強烈的恐懼。

同事和朋友都對我說：「最重要的是活下來吧」、「之後進行乳房重建就好了嘛」。

我瞬間湧上一股近乎殺意的憤怒：「你們懂什麼？更何況我

的乳房跟那些生過孩子、結過婚、中年發福的乳房根本不一樣！我才不要動手術！我要帶著癌症擴散、侵蝕、滿是血與膿的腐爛乳房，詛咒著你們死去。」我心裡這麼想著，也真的用這些話罵人。

外科醫師和護理師都勸我動手術，直到某天我大聲哭喊著：「辦不到！我才不要動手術！」時，一位護理師對我說：「好吧，那就算了，這是山崎小姐您的選擇。」

聽到這句話，我覺得很新鮮：「我的選擇？原來做自己就是這回事啊。」

後來我哭著對那位護理師說，好吧，我可以考慮在這家醫院進行乳房切除術。

之後我的情緒起伏變得很激烈，我經常哭得像個孩子，像電視劇或電影裡那樣的放聲大哭，我恐怕是第一次哭成這樣。直到我懷疑我可能已經瘋掉了，這才讓情緒逐漸地平靜下來。

其實，我本來還想多哭一會兒的。

手術後，我成了「字母人[1]」，原本長及背部的長髮因為抗癌藥物而脫落成了光頭，身材也不再凹凸有致，就像穿著一件緊身衣。

最困擾我的，是住院期間必須持續幫傷口塗軟膏。

我不想讓護理師幫我，決定自己來，於是我看到了空無一物的胸部。

之前看主治醫師替我拍攝的胸部照片，因為乳房切除的部分沒有拍到我的臉，所以好像在看別人的身體。

後來，我請護理師給我一面折疊鏡，每天塗軟膏時，我只讓傷口部位出現在鏡子裡。

我總共花了四個月的時間，才能面對自己的臉和動過手術的身體一起出現在鏡子裡。

出院後，我除了身體不舒服，連心也生病了。我有一股想踢飛無辜美女的衝動，我覺得自己好悲慘，甚至考慮跳樓自盡。即使動了手術，三年存活率也只有68%。我告訴自己：「反正活不了多久，也好啦，這種痛苦不會持續太久。」

留職停薪一年後，我復職回到了職場。但是我的身體很難受，嚴重適應不良，什麼都做不好，所以只待了半年就辭職了。我失去的東西不只是乳房，還有社會地位、收入，以及體力。

三個月過後，我重新找工作，那已經是動完手術整整兩年之後的事了，我的身體逐漸康復。

罹癌讓我的肌膚失去了彈性，臉色暗沉，頭髮變細；手術之後，我的鎖骨凹陷，抗癌藥物的副作用常常讓我腳麻。

1. 譯注：日本搞笑團體「隧道二人組」所扮演，身穿黑色緊身衣，用身體排出日文字母的角色。

我能選擇的衣服鞋子款式也很有限，我因此每天都很焦慮。

奇怪的是，過了一段時間，我的心境逐漸發生了變化。我發現我不能繼續這樣下去，所以努力讓自己快樂起來。

我在某本書上讀到，成為大人後，一年總是一眨眼就過去了，有部分原因是新的發現、新的體驗，以及感動都變少了的緣故。

於是，我開始進行「每日一件新鮮事」運動，也就是每天嘗試一種新的體驗，例如去吃沒有吃過的食物、到沒有去過的地方旅遊等……這段過程很不容易，不過，做這些事情讓我很快樂。

最近，我開始喝起過去一向忌口的啤酒。

某天我去參加啤酒節，與坐在我旁邊、打扮很宅的男人聊天。他養了兩條蛇，工作是飼養管理動物實驗用的動物。

「原來世界上還有這種工作！我有機會治療癌症就是因為有這些人的存在。」

與過去相比，我的生活中已經能夠接納更多不同類型的人，包括穿著怪異、身材不好的人。過去我總是習慣迴避的對象，如今也能自在地與之相處了。

我放寬了自己的原則，不再預設「必須這樣、必須那樣」的條件，只要對方個性勤勞、盡納稅義務、沒有犯罪，這樣就夠了。

手術後過了兩年多，有一次血液檢查發現，儘管腫瘤指數沒有超過標準值，但數字卻增加了一倍。我有預感癌症要復發了。不曉得為什麼，我突然想到：「我不能坐以待斃，我要辭掉工作接受重建手術。在那之前，我還想出國旅遊。」

不出所料，手術滿三年進行正子斷層造影（ＰＥＴ）複檢之後，主治醫師告訴我：「癌細胞已經轉移到胸椎淋巴結和胸椎了。」

我的淚水不斷湧出，可是打擊其實沒有太大。

「是嗎？復發了。」我平靜地接受了這個事實，畢竟我已經動過比死亡還討厭的乳房切除術了。

這次或許更靠近死亡了。

剛開始得知罹癌時，我氣憤不已，為什麼我的人生還沒享受到就迎來了終點？我不覺得小時候或學生時代曾經幸福過；長大之後，戀愛和結婚也不太順利，沒有生孩子，工作上吃了很多苦頭……儘管如此，我還是一路努力奮鬥過來。

現在，我的人生變得很有趣，也有足以驕傲的事情。雖然稱不上幸福，但某種程度來說，日子也過得有滋有味。

手術前，我好手好腳，遇到困難，咬牙撐一下也能捱過去，我認為努力終究有回報，也憑著自己的力量克服了不少困難。因此，我以為自己能改變未來，打造幸福人生。

現在的我動過手術，留下了後遺症，我意識到許多事情單憑自己的力量根本做不到，也因此變得自卑，不得不放棄過去的理想。

手術前，我的過去只有日以繼夜的努力和值得炫耀的成就，我只顧著往前看，而且認為在不久的未來實現夢想，就是幸福。

然而，現在我被迫捨棄了未來，當病情復發時，我得以著眼於當下，甚至發現自己的過去其實很耀眼。

罹患乳癌之初，我好幾次抱怨著「我的人生完蛋了！都結束了！」但現在我每天過得還算快樂，或許是因為，我終於可以不再為了虛幻的未來而努力了。

我在想，過去所描繪的理想，是不是某種海市蜃樓？假如幸福是「因為誕生到這個世界上，或是因為這個世界存在著某些事物，而覺得很慶幸」，那我目前還沒找到。不過，我的生活已經變得比較精采了，我能從中感到心滿意足或成就感之類的東西。

共同體感覺

像山崎小姐這樣，癌症患者有時會在體驗失落之後，被迫放下過往的理想。但當你正視（全人類都必須面對的）「生老病死」這個現實，就會領悟到過去的理想只是空想。

如果每個人都能時刻提醒自己，人生最後的階段就是死亡，那麼你就不太會在意優勝劣敗；名利的價值相對降低，你不會再嫉妒那些社會地位比你高的人。如果你放下追求完美生活的欲望，承認自己的脆弱和狡猾，你也就能包容別人的軟弱和狡猾。

每個人在脆弱時，都想要被愛或者被保護，這種時候接觸到來自周遭的善意，你會學著感恩，也會改變過往對待人際關係冷淡疏離的態度。你察覺自己是被人疼愛的，進而釋出善意，也對他人付出關愛。

德國知名心理學家阿德勒用「共同體感覺」這個詞，說明我們活在與他人的關係中。共同體感覺就是把他人視為夥伴，在夥伴關係中找到自己的容身之處。

從出生到死亡的人生，正是眾人齊心協力活在地球這個共同體上的共通經驗，因此所有人類就像一個大家庭，即使對那些彼此不曾碰過面，甚至不清楚是否存在的陌生人，也無法漠不關心。

當你自己體驗過受傷、難過，就會對悲傷格外敏銳，許多別人的事情對你來說變得有意義，你也能感受到他人的傷痛，以及感受到他人的友善，進而更意識到自己是被愛著的事實。

不害怕老去

多數人害怕衰老，尤其是那些在乎身體健康、外表是否漂亮、性格好強的人，他們最害怕的就是體力衰退、容貌老化、變得軟弱。但我建議你**儘管放心承認已經衰老的事實，並允許自己變老吧**。

能夠認老並且服老，才能絕地逢生，打開新的視野。原因有幾個：首先，不管你怎麼努力都會失去青春，因此承認自己正在變老，才能放下無法實現的目標（也就是「永保青春」）而得到解脫。

認同逐漸老去的軟弱自己，一開始或許難受，但唯有這麼做，你才懂得同情別人的軟弱與傷口，自然能夠善待他人。

很多人上了年紀被說個性變得溫柔圓融了，我想一定是經歷過這個過程。況且，對他人表現得友善，你身邊自然而然會有愈來愈多溫暖的人靠近，為你打開愛的大門。

第5章

無法活在「現在」，就無法看清世界

——享受當下

前一章介紹的個案，都在體驗了失落、讓「want自我」覺醒之後，內心發生了變化，展開充滿愛的人生。

還有一種跨越中年危機可見的場景，就是找回孩童般純粹的心靈，積極地享受每一天。如此一來，過去看不到的美麗景色將在眼前開展，這就是心靈創傷後成長的第五種變化——「心態改變」。

為什麼會發生這種變化？那是因為只有到了人生的後半段，才有機會再次遇見小時候天真無邪、長大後卻在適應社會的過程中所遺忘的自己。不只找回遺忘的自己，甚至可以在逐漸解放「want自我」的過程中，邂逅過去所不認識的全新自己。

精神科醫師泉谷閑示醫師經常引用的尼采著作《查拉圖斯特拉如是說》中，就以駱駝、獅子、兒童為比喻，說明人類的變化成熟過程。※

※引用自《「普通一點比較好」這種病》，泉谷閑示著（講談社出版）

查拉圖斯特拉如是說

論精神的三變

（查拉圖斯特拉對同伴說教。從背負重擔的義務精神到自律，再到純粹全面肯定性的創造——這就是超人誕生的途徑。）

有關精神的三變，我將告訴你，精神怎樣變成駱駝，駱駝怎樣變成獅子，獅子怎樣變成嬰孩。

堅強、謙恭、肩負重擔的精神將面臨許多困苦，但困苦和困苦之最，乃是它的力量所必需。

（中略）

這一切困苦之最終，將由肩負重擔的精神承當，像載重的駱駝驅向沙漠，同樣地，精神也驅向它的沙漠。可是在絕頂荒涼的沙漠中，第二種變形發生了。在這裡，精神變為獅子，它將克服它的自由而成為自己的沙漠之王。

（中略）

我的兄弟，為什麼，精神裡頭需要獅子？為什麼，斷絕欲望和虔誠的負重之獸還嫌不足夠？

（中略）

假定自己有決定新價值的權利——這對一個值得尊敬的負重的精神而言，是再可怕也不過的假定。的的確確，對它來說這是犧牲，關係到一個犧牲的獸。

（中略）

可是你說，我的兄弟，一個嬰孩能做出什麼獅子做不到的？為什麼犧牲的獅子還需要變為一個嬰孩？嬰孩是天真善忘的、一個新的開始、一個遊戲、一個自我推動的輪、一個初動、一個神聖的「是」。※

※引用自《查拉圖斯特拉如是說》，尼采著，林建國譯（遠流出版）

人們在人生前半段學到「必須符合規範」，並為此不斷的努力。尼采將處於人生前半段比喻為駱駝。駱駝為了成長，希望背負更重的東西。而駱駝盲從的對象，尼采稱為龍，換成現代說法就是父母、學校、組織。這些將社會規範深植在你身上的對象，就是龍。

可是人類漸漸無法像駱駝那樣地活著。

接著，駱駝變身成獅子，打倒了龍，這就是擺脫「must 自我」獲得自由的過程。陷入中年危機的人需要挑戰的是擺脫恐懼的對象——也就是父母和社會——所給予的價值觀，重獲自由。

而打倒獅子、獲得自由的人會怎樣？對於這個問題，尼采的答案是變成嬰孩。擺脫人生前半段植入的「正確言行舉止」，就能喚醒孩提時的豐富感性，找回雀躍的心情。

感性復甦

那麼，變成尼采所說的嬰孩，又是什麼意思？我在谷川俊太郎先生的詩作中找到了提示。

我過去服務的醫院住院大樓有學級之分，稱為「院內學級」，這個設計是方便住在兒童病房的孩子一邊接受治療，一邊上學。

我陷入中年危機時，正好在低年級生的學習發表會上，看到小學生輪流朗讀谷川俊太郎《活著》的這首詩。※

活著
現在，我活著
所以，會覺得口渴
感覺葉縫間的陽光耀眼
或是不經意想起某段旋律

或是突然打了個噴嚏
或是牽著你的手

活著
現在，我活著
迷你裙
天象儀
小約翰．史特勞斯
畢卡索
阿爾卑斯山
所以，可以與所有的美好相遇
並且
可以謹慎拒絕潛藏的邪惡

※引用自《活著》，古川俊太郎／詩、岡本義朗／畫，游珮芸譯（步步出版）

輪流朗讀這首詩的孩子們，每天都在接受治療，但仍然努力練習朗讀、背好臺詞。我想起當時聽著孩子充滿活力的聲音，一方面覺得「真好，這就是活著啊」，同時發現，從這個角度上來說，我並沒有活著。

前文提及我在輕井澤森林的露天溫泉體驗到大自然之美，從那之後，我的感性開關慢慢被打開了。現在我已經能坦然感受這首詩的訊息，感受自己正在活著。

聽到「感覺葉縫間的陽光耀眼」這句詩，我真實的感受是「真美！」口渴時喝下冰涼的水，我會因為「真好喝」而感動；聽到「牽著你的手」這句詩，我想起過往談過的戀愛。

我的病人之中，有許多都是在擺脫嚴格的「must 自我」、獲得自由之後，才找回了兒時的純真和感性，包括千賀小姐。

一般人常說，我們長大後往往會失去小時候的純真，但我認為純真從來不曾失去，只是被強烈的理性封印在心底罷了，只要降低理性的強度，感性就會逐漸復甦。

擺脫罪惡感

事實上，如果不抹除「must 自我」所引導或製造的情緒，眼睛就會被它遮蔽，無法看見新的世界。

我的病人宮田一明先生在童年時期經歷了母親的自殺事件，他一直認為母親是因為擔心自己的緣故才會自殺，因而愧咎不已。高中畢業後，他從出生地香川縣的高中考進東京的大學，此後一直留在東京工作，始終沒有返回老家。

他與父親原本就感情不睦，而且他害怕接觸到故鄉的一切，他想將過去的歷史完全抹消。

快五十歲時，他罹患了大腸癌。當癌細胞轉移擴散，他終於意識到自己將不久於世。他原本一直與父親避而不見，但這樣下去，或許一輩子都無法相見了。一思及此，他決定回家告訴父親他的病情。時隔幾十年後，他終於回鄉。

車行過瀨戶大橋，接近故鄉小鎮的風景在宮田先生眼中顯得格外沉重。等他抵達老家，見到久違的父親，才發現父親與印象中截然不同，蒼老到彷彿變了個人似的。

看到父親的模樣，宮田先生心中多年對父親的牴觸也消失無蹤。父親望著多年未歸的遊子，溫柔地說了句：「遠道而來，你辛苦了。」而宮田先生也首次向父親坦承心中一直以來積壓的痛苦。

在對話中，宮田先生得知母親的自殺實際上與自己無關，而是她原本就患有難以治癒的心病，答案揭曉的衝擊，以及始終壓在心上的罪惡感突然消失了，他的心情瞬間變得平靜下來。

或許是來日無多，他決定停止責怪自己，好好地活下去。

回程車窗外看到的故鄉人事物，儘管與來時別無兩樣，但在宮田先生眼中卻成了迥然不同的風景。小時候與母親一起生活、與朋友同遊的記憶浮現腦海，他無法抑制地流下淚來。

宮田先生告訴我：「如果要用言語形容我看到的景色，大概是我覺得很懷念、很甜美。最適合的形容或許是『juicy』。我很難形容那種震撼內心的感覺。」

返鄉時看來沉重的景物，在擺脫自責念頭之後，竟然變成了勾起鄉愁的甜美景色。由此可知，如果你老是責怪自己這個、埋怨自己那個，那麼當你願意寬恕自己的那一刻，你眼中的世界就會開始閃閃發亮。

喚醒心靈的瞬間

接下來，我要介紹的個案，她在死亡的面前，體驗了愛與美的世界。這位女性患者名叫矢野裕子，她在四十八歲被宣告罹患了乳癌。

矢野女士有一個正在就讀國中的女兒，她的女兒原本就有些性格自閉，無法融入同儕，經常向學校請假。當她得知矢野女士罹患了乳癌，有段時期為了照顧母親，乾脆拒絕去上學。這讓十分擔心女兒未來的矢野女士，對於自己罹癌造成女兒的負擔感到很愧疚。

女兒進入高中後，矢野女士的乳癌又復發了，雖然接受了化療，病情仍然逐漸惡化。看到矢野女士的情況，女兒沒有多說什麼，她一邊上學，一邊主動幫忙家務。矢野女士看到女兒的辛勞，心想：「如果我沒有生病，女兒就能過上普通高中女孩的生活了。」她對女兒始終有愧。

等女兒上了高三，矢野女士的乳癌已經轉移到肝臟等全身，被宣告很難多活幾個月。不過即便如此，矢野女士還是一心堅持要撐到四月，出席女兒的畢業典禮。幸好她的願望最終得以實現，她坐著輪椅，和女兒一起參與了畢業典禮。看到女兒領取畢業證書時抬頭挺胸的姿態，她一方面感到安心：「這孩子總算長大成人了。」一方面也對女兒在可以任性撒嬌的年紀卻願意承擔照顧責任，表達由衷的感謝。她淚流不止。

典禮結束後，她與丈夫、女兒三人在櫻花樹下一起拍畢業照。當她視線不由自主往上，看到藍天之下盛開著滿樹的櫻花，這幅美景震撼到令她說不出話來：「啊，櫻花原來這麼美……」

矢野女士過去始終處於自責與內疚的心境之中，沒有多餘心力去欣賞大自然的美，直到看見女兒在畢業典禮的模樣，她終於相信女兒會好好的成長，也終於原諒過往的自己。看到盛開的櫻花與女兒成長的姿態，她慶幸在離世前能度過如此美好的一天。

美麗的風景，似乎能夠讓人感受到某種遠遠超越人類力量的神蹟。

可愛的富士山

我的個案加藤忠夫先生在接受肺癌手術的一年之後，終於恢復了正常的生活。他跟我們分享另一種心理變化的有趣經驗。

告訴我這件事的前幾天，他去了靜岡縣打高爾夫球。當時才剛進入櫻花綻放的季節，富士山的山頂仍一片雪白。

看到富士山的景色，加藤先生突然想：「我上次這麼近距離看富士山是什麼時候？而且還是冬季積雪的富士山？我記得至少有三十年了。也就是說，下次再看到富士山或許又是三十年後……我不認為自己能活到那個時候。既然如此，那麼，這就是最後一次近距離看到覆蓋白雪的富士山景了。」

意識到這件事的瞬間，他頓時覺得眼前雄偉的富士山景，竟然變得非常可愛。

用不著我說，「富士山」這個日本象徵可不會突然就消失不見！儘管如此，加藤先生卻覺得「這或許是我最後一次看到山頭覆蓋白雪的富士山了」。有很大的原因，是因為罹患肺癌的他，不再認為往後每個日子都理所當然地會到來。

前文說過，人一旦經歷過重大的失去，過去視為理所當然的人事物將會產生截然不同的意義。與家人朋友共度愉快時光、看見美麗的風景、日常享用美食，或許都在無意間被我們認為理所當然而任其流逝，但如果意識到這樣的日子總有一天會消失，就會忍不住更加珍惜。

千利休說的「一期一會」就是這個意思——我們或許沒有機會再度見面，所以要珍惜這次的相遇。這種想法也與古羅馬人的「勿忘終將一死（memento mori）」思想有異曲同工之妙。

人陷入中年危機，才能領悟人生前半段抱持著「自己可以不斷成長進步」只是個幻想，進而開始正視老與死。一旦體認到萬事萬物不停在變化，就能領悟人生無常的道理。因此，坦然面對「不知死亡何時降臨」的這件事固然痛苦，卻能因此感受眼下的美麗正等著你去發掘。

正念覺察

最近「正念冥想」的觀念廣受矚目，現代人疲憊時會採用這種方式讓心靈獲得休息，因此許多人開始對正念冥想感興趣。

正念（mindfull）是起源於東方的冥想方式，簡單的說，就是把所有的注意力放在現在、此刻正在發生的事情上。

熟悉正念的精神科醫師藤澤大介告訴我，正念可以用這麼一個畫面來解釋：畫裡是一對父女走在美麗的大自然中，女孩腦中浮現的是眼前的大自然景色，這就是心靈充滿的狀態。但跟女孩走在一起的父親，腦海中卻滿滿都是明天的工作，沒有多餘的心力去感受美景。

正念的概念之所以很吸引人，間接證明了多數人都無法好好的活在當下。

有個強勢的「must 自我」存在，心靈就無法獲得滿足；擺脫強勢的「must」，刻意把注意力擺在「我現在就在這裡」的感覺，有助於找回孩提時的感性。

或許，在美麗的大自然中最能喚醒一個人的感性，充分讓人體會到「我現在就在這裡」。但是，我認為即便住在都市裡，也有辦法實踐正念。因為人類具備五感，而且隨時都在發揮作用，所以我們能夠意識到自己有著什麼感覺。

舉例來說，吃飯時不猛盯著電視，而是找一個安靜的空間用餐。首先感受鬆軟白飯的水蒸氣溫度與香氣，吃下一口白飯後，細細地咀嚼，咬碎白飯的同時，甜味也在嘴裡擴散開來；吞嚥時通過喉嚨的感覺也要好好感受一下。像這樣，在進食過程中仔細注意我們每天不經意吃下的白飯，就會有各種發現。

走在柏油路上也是，好好體驗踏在地上的每個步伐，實際感受身體被地球的萬有引力給牽引著，才能穩穩地站在大地上。

近年來，東京的夏天變得漫長，而且十分炎熱，令人困擾。然而，不時感受到遍灑的陽光與潮濕的空氣，也讓人別有一番滋味。

好好地享受夏天，等秋天變得涼爽舒適，在微涼的風中欣賞美麗的紅葉，你才能夠徹底體會秋天的美。

用「心」聽音樂

我喜歡音樂，也欣賞各種類型的音樂。當生活陷入困境，我不會聽古典樂，而覺得爵士樂、Bossa Nova 聽起來比較愉快。

古典樂的節奏起伏很明確，每位演奏者的自由度較低，表演時必須配合其他的演奏者。當時活得委屈的我，對這種感覺充滿了共鳴。

不過，我最近常去聽古典音樂會，我喜歡演奏者齊心合力把觀眾帶入情境的天人合一感。可是，在我被「must 自我」束縛的當下，即使去聽交響樂團演奏，我注意到的只是演奏技巧的優劣、有沒有走音、有沒有人出錯等，有點雞蛋裡挑骨頭的態度。

有位小提琴家名叫庄司紗矢香。不久前，我聽到她演奏西貝流士的《小提琴協奏曲》，我注意到自己聽音樂的方式有了很大的改變。

西貝流士是芬蘭國民作曲家，這首《小提琴協奏曲》開頭十分安靜，就像雪花緩緩飄落大地，然而到了中途卻變得激昂無比，簡直像在極寒的芬蘭大地，有一股非常熾熱的東西正熊熊燃燒。庄司紗矢香用全身的肢體投入來表現強烈的音樂感，熱情無比，而我完全沒有從她的演出中感覺到一丁點「希望獲得稱讚」的意圖。

有些人或許覺得她使出渾身解數的演奏方式太過浮誇了，但那首樂曲與庄司小姐的「want 自我」合而為一，精彩呈現出繽紛的世界，沒有半點不自然。

那場演出讓我聽到入迷，彷彿情感也被溫熱的物質所點燃，不知為何，我聽到一半就淚流滿面。聽她演奏時，我對自己能跟這種音樂產生共鳴感到安心，我認為自己已經做到了谷川俊太郎先生所謂的「活著」。

發生這種變化之後，我徹底改變了聽演奏的方式；也發現有許多看似正確的事物，實際上並無法打動人心。好比說，即使是知名的專業交響樂團，有時演奏起來也像處理例行公事般毫無情緒，純粹機械性地按照音符演奏；這種時候，我就算整場聽完也毫無觸動，只能帶著失望的心情離開。

比起缺乏熱情的專業演奏，技巧笨拙但全情投入的業餘交響樂團，反而更吸引我。

路邊的蒲公英

度過中年期的危機之後，人們的目標就是榮格所謂的「自我實現」，或說「個體化」；這是一個解放過去受到「must」掌控打壓的「want」的過程。如同「個體化」一詞的意涵，想要以他人當作這個過程的範本，已經行不通了。

然而，根據我的自身經驗及我的個案所經歷的變化，個體化完成後的模樣通常都帶有某種程度的共通點，那就是第四章提到的「愛」，以及本章介紹的「美的世界」。

這個時候，**感性一旦得到解放，你會感受到各種事物之美，也能實際感受到「活著」的滋味**。好比說，你會留意到過去毫不起眼的日常風景，發現每天上班路旁、那突破柏油路面用力綻放的蒲公英，也充滿了生命力。你會感動的想：「植物真是了不起。」

簡言之，跨越中年危機的過程，就是坦然面對終將到來的人生真相「生老病死」，不再認為原本重視的社會地位或財富資產有太大的價值，並**開始留意到絕不會喪失價值的「愛」與「美」的世界**。

把「真、善、美」這三項路標放在心中的某處，我認為就是人生後半段過得豐富的重要提示。

後記

感謝各位閱讀到本書的最後。我寫了許多關於中年危機的應對方式，不知各位有什麼感想？我想，有些人或許認為理論可行，但實踐起來卻很困難。事實上，曾經陷入中年危機的我，在閱讀各種心理勵志書籍時也有同樣的感想。

身陷危機時，我感覺就像獨自徘徊在鬱鬱蒼蒼的森林，等我穿過森林，回顧當時的情景，我才明白「原來是這麼一回事！」但在痛苦的當下，我完全看不清未來，也不知何時才能抵達出口。

在我看來，想跨越中年危機，就必須採取完全悖離過往觀念的行動，但就是這點最為困難。

在人生的前半段，我們認為追尋「擅長」「得手」「挑戰」「努力」這些正向的東西才是正確的，到了人生後半段，卻必須關注全然不同的走向，亦即「放下」、「放棄」、「適度休息」這些負向的目標。

要脫離熟悉的正向努力並不容易，因此，即便理智上明白中年危機出現的原因，也認為那就是正確答案，但到了要改變的節骨眼，內心又會浮現「真的是這樣嗎？」「這麼做真的沒關係嗎？」的恐懼。

回顧我自身經歷危機的過程，我發現三十幾歲時儘管辛苦，倒也勉強咬牙撐過來了；但年過四十之後，這種做法不再奏效。那段時期我覺得自己是個廢物，充滿了罪惡感與挫敗感。所幸，癌症病患告訴我的話，對當時的我來說，成為了指引我前進的明燈。

實際上，我也需要付諸實踐的勇氣。我有時會想：「那些患者能夠做到這點，是不是因為他們已經被宣告人生的期限？但這些建議對未來或許還有很長一段路的人來說，並不適用。」一如各種類型的自我啟發書籍也多少做出了類似的建議，但就算我對內容再同意不過，也很難付諸實踐。

不過，我還是鼓起勇氣，小心翼翼地開始往負面方向前進。起初完全沒有成效。我記得最痛苦的，是猶豫著該不該放下努力的時候。

等我完全放棄了努力，我聽見眾人紛紛議論：「那個傢伙怎麼了？」我為此十分不安。然而儘管如此，我還是停止朝過往認為正確的積極方向去努力，最後，眼前的景色因此拓展開來了。

我記得這段時間發生在四十五歲。所以，當中年危機降臨，各種應對方式都失去了效用，我大概花了五年的時間，才得以放鬆下來。

我在想，每個人的人生前半段都在不停的成長，這段時期就算不刻意與他人競爭，總能感受得到彼此間各方面的差距。

然而，進入人生後半段，所有人都逐漸走衰，差距開始縮小，最後所有人都將抵達同一個終點，也就是「死亡」。因此，沒有必要繼續在意他人的步調，讓我們一起輕鬆走完人生吧。

行文最後，我由衷感謝我的癌症個案，以及他們的家屬。感謝許多人的同意，我才有機會將這些對談內容發表出來。

這次寫書的焦點，聚焦於罹癌後的心理創傷後成長。我沒能充分描寫出成長過程中所面臨的苦惱、以及產生新心境之後的不安與失去。或許有人會只擷取積極正面的解釋，但我還是要補充一句，本書從罹癌的角度撰寫，提供未來人生的建議，主要目的還是為了幫助各位，能夠安穩地度過中年危機。

二〇二〇年九月清水　研

作者簡介

清水 研

一九七一年出生。精神科醫師、醫學博士。

金澤大學畢業後，曾在都立荏原醫院的內科實習，後來轉入國立精神神經中心武藏醫院、都立豐島醫院一般神經科實習。到了二〇〇三年成為國立癌症中心東醫院的心理腫瘤科實習醫師，從此全心負責癌症患者及其家屬的診療工作。

二〇〇六年起服務於國立癌症中心（現今「國立癌症研究中心」）中央醫院心理腫瘤科。二〇一二年起擔任該科科長。二〇二〇年四月起就任公益財團法人癌症研究會有明醫院心理腫瘤科部長，同時是日本綜合醫院精神醫學會專科醫師．指導醫師，以及日本精神神經學會專科醫師．指導醫師。

著作包括《如果一年後，我已不在世上》（平安文化出版，二〇二一年）《因癌症而不安的你請讀這本書》（暫譯）等。

國家圖書館出版品預行編目 (CIP) 資料

活出真我的中年人生課 / 清水研著 ; 黃薇嬪譯 . -- 初版 . --
臺北市 : 遠流出版事業股份有限公司 , 2025.01
面 ; 公分
譯自 : 他人の期待に応えない ありのままで生きるレッスン
ISBN 978-626-418-008-5(平裝)

1.CST: 中年危機 2.CST: 生活指導 3.CST: 成人心理學

173.3 113016098

活出真我的中年人生課

他人の期待に応えない ありのままで生きるレッスン

作　　者／清水 研
譯　　者／黃薇嬪
副總編輯／李嘉琪
封面設計／朱　疋
內文排版／陳佩君
特約企劃／林芳如

發行人／王榮文
出版發行／遠流出版事業股份有限公司
104005 台北市中山北路一段 11 號 13 樓
客服電話／ (02)2571-0297　傳真／ (02)2571-0197
郵撥／ 0189456-1
著作權顧問／蕭雄淋律師

2025 年 1 月 1 日　初版一刷
售價新台幣 350 元（缺頁或破損的書，請寄回更換）
ISBN 978-626-418-008-5

遠流博識網
http://www.ylib.com
e-mail:ylib@ylib.com